PRESENT

POR


EL DÍA

# EL AMOR HACE

## HACE

*para niños*

# EL AMOR HACE

## *para niños*

### BOB GOFF
### LINDSEY GOFF VIDUCICH

Ilustrado por Michael Lauritano

Grupo Nelson
Una división de Thomas Nelson Publishers
Desde 1798

NASHVILLE    MÉXICO DF.    RÍO DE JANEIRO

Editora en Jefe: *Graciela Lelli*
Traducción: *Omayra Ortiz*
Ilustraciones: *Michael Lauritano y Diane Le Feyer*
Adaptación del diseño al español: *Grupo Nivel Uno, Inc.*

ISBN: 978-1-40411-062-5

Impreso en China
19 20 21 22 23 24 LSC 9 8 7 6 5 4 3 2 1

# CONTENIDO

# PRÓLOGO

Cuando Dios planeó su gran aventura a fin de salvar al mundo entero, ¿sabes a quién escogió para hacerlo? A un niñito. El nombre del niño era Jesús y creció en un pueblo llamado Nazaret. Estoy seguro de que Jesús iba a la escuela, ayudaba a sus padres con las tareas de la casa y jugaba en la calle, igual que tú. Sin embargo, ¿sabes lo que era sorprendente sobre Jesús? Él no era un niño cualquiera. Él era «Dios con nosotros» aquí en la tierra.

Antes de que Jesús naciera, me imagino que Dios vio muchas cosas tristes en el mundo. Estoy seguro de que vio que las personas que Él había creado y amado se habían olvidado de quiénes eran realmente, y probablemente pensó en muchas maneras de arreglar las cosas. Dios pudo haber escogido a alguien famoso o popular o poderoso para dirigir a todo el mundo de vuelta a Él, pero no lo hizo. Dios escogió rescatar al mundo a través de un niñito. Cuando creció, el niño se convirtió en maestro y viajaba con sus amigos, sanando a otros y contándoles las buenas noticias de que Dios había venido a salvarlos y a estar con ellos.

Un día, los amigos de Jesús le preguntaron cómo era el reino de los cielos. «Jesús», uno de ellos se armó de valor para preguntar, «en tu reino, ¿quién será el más importante?».

En aquel momento, los discípulos de Jesús no entendían muy bien la diferencia entre alguien que es poderoso y alguien que es importante, y que no son necesariamente lo mismo.

Jesús miró a su alrededor y vio a un niñito que estaba escuchando la conversación. Jesús le pidió que se acercara y puso su mano en la cabeza del niñito. Puedo imaginarme a Jesús sonriéndose. Sus amigos siempre le estaban haciendo preguntas como esta, y nunca parecía que a Él le molestara.

Jesús les contestó: «Amigos, voy a decirles la verdad. A menos que cambien y sean como niños, nunca entrarán en el reino de los cielos. En mi reino, la gente más humilde —los que son como este niñito— ¡serán los más importantes!».

Esas palabras todavía son ciertas hoy día. A los amigos de Jesús les preocupaba cuál de ellos sería el primero en la fila y quién era el preferido de Dios. Pero Jesús vino a enseñarles a sus amigos una manera de pensar completamente distinta, una manera que parecía estar de cabeza y al revés. El reino de Jesús trata de las cosas que son realmente importantes... cosas como la fe, la gracia, el amor y el perdón. De hecho, en el reino de Jesús, las personas más poderosas son las más humildes y los líderes son los que sirven a los demás. El reino de Jesús es para gente con corazones como de niños; gente que confía en que Dios proveerá para ellos como un buen padre lo haría. Jesús vino para dejarnos saber que podemos llevar ante Él toda nuestra imaginación y nuestros caprichos, y Él nos dará a cambio corazones puros.

Este libro es para niños, grandes y chicos. Este libro trata de un nuevo reino del que Jesús nos invita a formar parte... un reino al que podemos entrar solo si *somos como niños*. En el reino de los cielos todos llegamos a ser un poco más como niños y un poco más como el amor, y aprendemos un poco más sobre lo que el amor hace.

# 1

# ERRORES

Cuando estaba en el jardín de infantes, todas las tardes tomábamos una siesta. Sí, ya sé, suena aburrido, ¿cierto? Yo pensaba lo mismo. Lo único que me gustaba de tomar la siesta era el trabajo especial que esperaba hacer. Todos los días, la maestra escogía a alguien para que fuera el «Hada que despierta». El Hada que despierta se ponía alas y tocaba a los niños en el hombro con la varita mágica y anunciaba que era el momento de despertarse. Me parecía que era el mejor trabajo del mundo y no podía esperar a que llegara mi turno.

Un día, finalmente llegó mi momento... ¡la maestra me escogió a *mí* para que fuera el Hada que despierta! *¡Al fin es mi oportunidad! Seré la mejor Hada que despierta que el mundo jamás haya visto*, pensé.

Me puse las alas de hada, tomé la varita mágica y comencé a caminar alrededor del salón para hacer mi trabajo, pero estaba tan emocionado que se me olvidó caminar con cuidado. Mientras corría por el salón, tocando a mis amigos en los hombros, *le pisé la nariz a alguien*. Mi maestra no estaba contenta. De hecho, se me había hecho tan difícil escuchar y seguir las instrucciones que me quitó la varita mágica y las alas.

A decir verdad, me sentí muy mal. Mi intención no era lastimar a nadie; simplemente estaba tan emocionado por hacer mi trabajo que se me olvidó mirar por donde iba.

¿Te ha pasado esto alguna vez? ¿Te esforzaste al máximo por hacer lo correcto, pero fallaste de todas maneras? Todos hemos metido la pata de vez en cuando y se siente muy mal.

Lo que aprendí de Jesús más adelante en la vida es que cuando cometemos un error, no tenemos que seguir sintiéndonos mal. Cuando Jesús escogió a sus amigos y les pidió que pasaran tiempo con Él, no buscó a los más listos en la escuela ni a los más populares. Ni siquiera buscó a personas con trabajos sofisticados o casas lindas, o a los que ganaban mucho dinero. Definitivamente no buscó a personas que siempre escuchaban a sus maestros ni a gente que nunca hubiera cometido errores.

La Biblia dice que Jesús vio a unos pescadores a la orilla de un lago y los escogió para que fueran sus amigos más cercanos. ¡Estoy seguro de que aquellos pescadores habían tenido tantos problemas en la escuela que ya ni siquiera iban a ella! Probablemente ni siquiera tenían sus redes en el lado correcto del barco la mayor parte del tiempo, pero aun así Jesús los escogió.

Jesús también le pidió a un recaudador de impuestos que lo siguiera. Los recaudadores de impuestos no les caían bien a nadie, porque se robaban el dinero del almuerzo de otras personas y decían que era de ellos. De hecho, Jesús pasaba tanto tiempo con personas que habían cometido grandes errores que la gente comenzó a hacer comentarios poco agradables a espaldas de Jesús. Pero a Jesús no le preocupaba lo que pudieran pensar los demás si Él amaba a las personas que habían cometido errores. Jesús quería que todos los que hubieran echado a perder algo supieran que, a pesar de todo, Él los seguía amando. Y hasta usó sus errores para demostrar cuánto los amaba realmente.

Por alguna razón, a veces es fácil creer que cuando cometemos un error merecemos que nos amen menos, o que cuando la gente piense en nosotros solo pensarán en el error que cometimos. Lo que no entendía cuando cometí mi gran error en el jardín de infantes es que el amor de Dios por nosotros no cambia en nuestros peores días. Pensándolo bien, no merecemos más amor de Dios en nuestros mejores días. Simplemente somos amados por Dios, pase lo que pase, y por causa de Jesús, Dios no nos define por nuestros errores.

Aquel día actuando como el «Hada que despierta» no fue mi único día malo en la escuela. La escuela siempre fue difícil para mí, y hubo momentos en lo que quise darme por vencido. ¿Pero sabes qué? No lo hice. Gracias a las historias que leí que demostraban que Jesús no veía a la gente según sus errores, comencé a creer que Jesús me amaba aun cuando pasaba apuros. Jesús veía a las personas según lo que llegarían a ser, aun cuando ellas no podían verlo por sí mismas.

Lo que yo no sabía como hada fracasada era que un día, si me esforzaba, estudiaría para ser abogado. Tendría la oportunidad que ayudar a muchos niños alrededor del mundo estableciendo escuelas a las que podrían asistir. Y la norma que tenemos para los estudiantes en nuestras escuelas es esta:

siempre tratamos de hacer lo mejor, pero cuando cometemos errores, recordamos cuánto Jesús nos ama... ¡pase lo que pase!

Jesús sabía que los errores no impiden que la gente haga cosas importantes. ¿Te acuerdas de aquellos pescadores que conoció en el lago? Terminaron viajando por muchos lugares, hablándole a la gente sobre Jesús. ¿Y el recaudador de impuestos? Con el tiempo, él comenzó una iglesia. ¿Puedes creerlo? Todo esto ocurrió porque Jesús le dijo a cada uno de sus amigos lo que llegarían a ser, y ellos le creyeron. Así que la próxima vez que cometas un error, simplemente piensa en esto: *Soy amado y soy de Dios... y me pregunto en quién Dios me está convirtiendo.*

Y esta es la respuesta:

Te estás convirtiendo en un ayudante.

Te estás convirtiendo en un líder.

Te estás convirtiendo en amor.

# 2
# ALQUILER POR LA HABITACIÓN

Cuando era niño, pasaba mucho tiempo en casa de mi abuela Mary. La quería mucho, porque a ella realmente le gustaba estar conmigo, y porque siempre se le estaban ocurriendo aventuras y travesuras. Siempre que la visitaba, tenía uno o dos proyectos esperando por mí. Un día construíamos juntos un horno solar poniendo al sol una caja de cartón cubierta con papel de aluminio y luego hacíamos sándwiches de queso derretido. Al otro día, hacíamos caramelo duro con azúcar y mirábamos cómo se cristalizaba en los palitos.

Abuela Mary nunca aprendió a manejar un auto, así que iba en triciclo a todas partes... ¡aun de adulta! Casi todas las semanas iba en mi bicicleta hasta su casa y abuela Mary se montaba en su triciclo e íbamos juntos a la ferretería a fin de comprar los materiales para el próximo proyecto. Yo era un niño muy activo y a abuela Mary le encantaba ir a todas partes con su nieto pecoso, pelirrojo y revoltoso como un tornado. (Pienso que era porque ella misma también se parecía un poco a un pequeño tornado.) Una de mis actividades favoritas era recoger todas las almohadas en su casa y hacer con ellas una enorme pila en la sala. Abuela Mary y yo nos parábamos en el sofá y brincábamos juntos sobre la pila, revolcándonos en

las almohadas y riéndonos tanto que nos bajaban lágrimas por las mejillas.

Abuela Mary me amaba tanto que hasta me dio mi propia habitación en su casa. No era elegante. En ella solo había una cama, un escritorio y una máquina de coser antigua. En una de las gavetas del escritorio, abuela Mary me dejaba monedas de cinco y diez centavos. Decía que era el «alquiler por la habitación».

«¡Es justo que te pague alquiler si voy a usar tu habitación para coser mientras estás en la escuela!», me dijo.

Lo gracioso es que no recuerdo haber visto a abuela Mary cosiendo algo. Aun así, cada vez que llegaba a su casa, subía las escaleras a toda prisa para chequear la gaveta del alquiler en mi habitación. Siempre encontraba un puñado de monedas, y luego íbamos a la tienda en la bicicleta y el triciclo para comprar caramelos o los materiales para nuestro próximo proyecto.

Es fácil pensar que amar a la gente como Jesús lo hacía significa que tenemos que hacer cosas grandes por ellas... del tipo de cosas que el mundo entero notará o de las que escribirán en los periódicos, hablarán en las noticias o harán una película. Hacer cosas grandes para amar a las personas es fantástico, pero lo que aprendí de abuela Mary es que el amor grande no tiene que atraer una atención grande. Tenemos que repartir amor como si estuviéramos llenos de él, y a veces eso se demuestra con los actos de bondad más pequeños y sencillos.

No tenía mucho sentido que abuela Mary me pagara alquiler por una habitación que ya era de ella. ¿Por qué le pagarías alquiler a un niñito cuando eres dueño de toda la casa? ¿Por qué dedicarías tanto tiempo para que alguien se sintiera tan especial? Aunque tal vez no parecieran grandes para la mayoría de la gente, los sencillos actos de amor de abuela Mary le dieron forma a la persona que soy hoy día. Sabía que algún día quería demostrarles la misma bondad a mis hijos y que también deseaba ser el tipo de persona que ayuda a otros. Como abuela Mary me dio tanto amor, ¡aprendí cómo dar más amor!

Muchas cosas en el reino de Jesús parecen ser lo opuesto a lo que esperarías. Jesús dijo que las personas que no eran muy conocidas serían líderes. También dijo que las personas más ignoradas serían a las que Él les prestaría más atención. Y en el reino de Jesús, nuestros pequeños actos de amor pueden realmente ayudar muchísimo a otras personas. Cuando repartimos nuestro amor, no estamos pagándole a Jesús por lo que Él ha hecho por nosotros. En realidad, es justo lo contrario. Es como si Él nos hubiera dejado el alquiler en la gaveta de nuestro tocador y no pudiera esperar para ver cómo usaremos lo que nos ha dado para amar a otros.

Renta del cuarto

## 3

# PALABRAS DE VIDA

Cuando estaba en la escuela primaria, jugaba en una liga de béisbol infantil. No era muy bueno para los deportes, pero eso no me impidió que jugara.

Muy pronto mis compañeros de equipo se dieron cuenta de que si me paraba al lado del plato y esperaba a que me pegara la bola que habían lanzado, tendría que caminar automáticamente hasta la primera base, y mi equipo probablemente anotaría más carreras. Un día, casi al final del partido, tuve que tomar una decisión: *¿Dejaría que la bola me pegara como siempre lo hacía o realmente trataría de conectar un sencillo?* En el último momento, cerré los ojos, moví el bate y milagrosamente escuché un *pum* apagado cuando mi bate le pegó a la bola. ¡Fue un cuadrangular! Corrí todas las bases y me deslicé victoriosamente hasta llegar al *home*. ¡Nuestro equipo ganó el partido!

Más o menos una semana después, mi mamá vino a mi cuarto y me dijo que había recibido algo por correo. *¿Correo?* *¿Para mí?* Abrí el enorme sobre y adentró encontré una tarjeta postal. Creo que fue la primera tarjeta postal que recibí por correo y tenía la forma de una manzana. Me pregunté: *¿Todas las tarjetas postales tendrán forma de manzanas?* Cuando la abrí, vi impresas estas palabras: «Eres la luz de mis ojos». Debajo había una nota escrita a mano: «¡Bateaste tremendo cuadrangular! ¡Fabuloso! Eres un verdadero pelotero. Con cariño, tu entrenador».

Leí las palabras una y otra vez, y varias veces más. *¿Yo? ¿Un verdadero pelotero?* En parte no podía creerlo, pero acepté aquellas palabras porque venían de mi entrenador. Yo confiaba en mi entrenador, y si él pensaba que yo era un verdadero pelotero, entonces tal vez sí lo era.

Esta fue la primera vez que experimenté lo poderosas que pueden ser las palabras.

Cuando crecí, tuve una hija llamada Lindsey, y a ella le daba miedo meterse en problemas en la escuela. Si a los estudiantes se les olvidaba su tarea o se les olvidaba que firmaran algún papel, la maestra les enviaba una nota a los padres, y el pensamiento de que enviaran una nota a casa creció hasta convertirse en un miedo enorme en la mente de Lindsey. Mi dulce María y yo tuvimos que sentarnos con Lindsey para hablar sobre esto. «Cariño», le dijimos con toda seriedad, «necesitamos que *recibas una nota de tu maestra*».

Lo que Lindsey no entendía es que, a veces, está bien cometer errores. El día en que Lindsey finalmente recibió una nota, entró al auto llorando después de la escuela. Nos dijo: «Recibí una nota de mi maestra. ¡Se me olvidó decirles que tenían que firmar mi examen!».

¿Sabes qué hicimos mi dulce María y yo? ¡Aplaudimos muy contentos!

En vez de firmar la nota de la maestra como se suponía que hiciera, escribí en el papelito estrujado en letras enormes: «¡LINDSEY ES UNA NIÑA EXCELENTE!».

¿Ves? Así luce la gracia de Dios. La gracia es Jesús escribiendo: «¡ERES UN NIÑO O UNA NIÑA EXCELENTE!» cuando cometes un error en tu vida. Como soy el papá de Lindsey, ella confió en mí cuando le dije que era una niña excelente, de la misma manera en que yo confié en mi entrenador cuando me dijo que era un verdadero pelotero. Podemos confiar en Jesús de la misma forma.

¿Sabías que uno de los discípulos de Jesús cometió una vez un error muy grande... ENORME? Su nombre era Pedro, y justo antes de que crucificaran a Jesús, Pedro se asustó y comenzó a decirle a la gente que ni siquiera conocía a Jesús. Él había prometido ser su amigo, pero en el momento más difícil de Jesús, Pedro no fue para nada ese gran amigo.

¿Sabes qué hizo Jesús después? Él *perdonó* a Pedro y le dijo: «Pedro, eres una *roca*. Cuando la gente te vea, pensarán en mí. Y te voy a usar para comenzar mi iglesia».

*Eres un verdadero pelotero. Eres un niño excelente. Eres una roca.*

Todas estas palabras son muy distintas, y en sí mismas tal vez no tengan mucho significado. Pero cuando se pronuncian con amor y en el momento adecuado, estas palabras tienen el poder para cambiarlo todo... aun para cambiar tu vida. Por eso la manera en que escogemos usar nuestras palabras sí es importante. Tenemos la capacidad de ser espejos los unos de los otros, y así reflejar en cada uno el ser humano en el que nos estamos convirtiendo. Las palabras que nos decimos unos a otros tienen un poder inmenso, así que hagamos que sean palabras de vida.

# 4

# CENTAVOS RESPLANDECIENTES

**C**uando era pequeño, pensaba que el dueño de la tienda de caramelos era el hombre más afortunado en el mundo entero. ¡Podía comerse un caramelo en cualquier momento que quisiera! Yo lo visitaba regularmente con las monedas que recibía por el alquiler de mi habitación. En aquel entonces, casi todos los caramelos costaban solo uno o dos centavos, así que cada vez que tenía unas cuantas monedas, llegaba a su tienda, recorría los pasillos y admiraba los frascos llenos de caramelos coloridos que cubrían las paredes. No quería solo algunos... ¡los quería todos!

Después de hacer mi selección, ponía los caramelos y las monedas sobre el mostrador, al lado de la registradora. Se me estaba haciendo difícil aprender a contar el dinero, pero el tendero parecía un abuelito y era muy bueno, y se recostaba en el mostrador y lentamente me ayudaba a contar las monedas, haciendo una pausa para recordarme el valor de cada una de ellas. La mayoría de las veces, él se sonreía y asentía después de llegar a la cantidad correcta, tomaba las monedas que eran suyas y me devolvía las que me sobraban.

Por lo general, ni siquiera cruzaba la puerta con mis caramelos, sino que me sentaba en la tienda a comérmelos. Desde

allí miraba al tendero interactuar con otros clientes en la misma forma bondadosa y gentil, haciendo una pausa en sus conversaciones amigables para contar las monedas, tomar las que eran suyas y devolver el resto.

Un día, cuando llevé mis caramelos y mis monedas al mostrador, el tendero no se sonrió cuando terminó de contar mis monedas. En cambio, suspiró y dijo: «Me parece que nos falta un centavo».

Me gustó que dijera *nos,* porque me hizo sentir que no estaba solo con mi problema. Después de un momento, me dijo: «Tengo una idea».

El tendero se volteó y alcanzó una botella de vinagre, algo de sal y un trapo de limpieza. Tomó uno de mis centavos viejos, le echó un poco de vinagre, añadió una pizca de sal y lo estregó con el trapo de limpieza. Me acerqué como si estuviera mirando un truco de magia. Lentamente, mi centavo cambió de un marrón apagado a un color cobre brillante y resplandeciente.

El tendero alzó la vista. «En mi tienda», dijo con una sonrisa y un brillo en sus ojos, «los centavos resplandecientes valen el doble». Ahora bien, yo sabía que los centavos resplandecientes no valían realmente el doble, pero le creí al tendero aquel día debido a quién él era. Las palabras que pronuncian las personas bondadosas tienen el poder para cambiar todo. Yo le caía bien y él era el dueño de la tienda, así que se inventó aquella regla solo para mí.

De muchas maneras, somos como el centavo viejo que le ofrecí al tendero. No somos suficientes por nosotros mismos; sin embargo, Dios aun así decide vernos como personas increíblemente valiosas para Él. Esto se llama *gracia*. La gracia de Dios se parece mucho al dueño de la tienda de caramelos con un trapo de limpieza, haciéndonos nuevos.

Lo hermoso de la gracia es que también podemos mostrársela a otros. Podemos decidir que la gente vale muchísimo para nosotros, porque también vale muchísimo para Dios. Podemos perdonar a los demás aun cuando hieren nuestros sentimientos o nos quitan algo, y de esta manera podemos demostrarles cómo es Dios. Podemos decidir que los centavos resplandecientes valen el doble.

## 5

# ESTOY CONTIGO

La gente puede perderse de muchas maneras diferentes. A veces se confunden sobre *dónde* están; como cuando se pierden en el supermercado. En otras ocasiones pueden sentirse perdidas porque no están seguras de *quiénes* son. Algunas personas hasta sufren de amnesia y se olvidan de todo sobre ellas mismas. ¡Ni siquiera recuerdan sus nombres! ¿Puedes imaginarte cómo sería eso? Nunca se me ha olvidado mi nombre, pero un par de veces se me ha olvidado quién deseaba Dios que fuera cuando me creó.

Ya te mencioné que nunca fui muy bueno en la escuela. Al final, cuando estaba en la secundaria, decidí que lo mejor que podía hacer era dejar la escuela por completo. Decidí que haría lo que siempre había deseado: mudarme a las montañas en Yosemite (un parque nacional enorme y hermoso en Estados Unidos) ¡y convertirme en guardabosques! Escalaría montañas, viviría en una tienda de campaña y comería perros calientes y Pop-Tarts. Estaba seguro de que sería maravilloso. En retrospectiva, puedo ver que estaba un poco perdido. Sabía exactamente dónde estaba, pero no tenía idea de quién era.

Antes de irme a las montañas, fui a visitar a mi amigo Randy. Randy era líder de la organización Young Life en mi escuela secundaria. Era un adulto a quien le gustaba pasar su tiempo con muchachos de la escuela secundaria para hablarles sobre Jesús. Yo todavía no estaba seguro sobre Jesús, pero Randy me caía muy bien, así que manejé hasta su casa para despedirme.

Mientras le contaba a Randy sobre mi plan de mudarme a las montañas, él no me habló sobre lo mala que era mi idea ni me hizo sentir peor de lo que ya me sentía. (Muy adentro, yo sabía que debía terminar la escuela.) En lugar de eso, se excusó para buscar algo en su cuarto. Después de unos cuantos minutos, Randy regresó a la puerta. ¿Sabes lo que traía? Tenía una mochila colgando de un hombro y un saco de dormir debajo del brazo.

Randy no me dio un discurso. Por el contrario, me dijo lo que la gente que está perdida necesita escuchar de alguien en quien confían: «Estoy contigo». Caminó hasta el auto conmigo, colocó su saco de dormir sobre el mío y se sentó en el asiento del pasajero. Randy no me estaba diciendo que estaba conmigo para ser agradable. En realidad, estuvo *conmigo* en el auto mientras manejamos todo el camino hasta Yosemite. Me dijo que se quedaría conmigo mientras me acomodaba en mi nueva vida y trataba de conseguir un empleo.

Mi plan no era la gran cosa, pero lo poco que había planificado comenzó a deshacerse tan pronto llegué a Yosemite. No encontraba empleo, ni tan siquiera un lugar para quedarme. Randy y yo éramos demasiado grandes para dormir en el auto y estaba muy frío para dormir afuera, así que nos metimos en una tienda de campaña desocupada en un área para acampar y allí dormíamos.

Después de unos pocos días en Yosemite, le dije a Randy con un suspiro: «Esto no está funcionando nada bien. Quizás debería simplemente regresar a casa y terminar la secundaria».

Una vez más, Randy me repitió lo que me había estado diciendo todo el tiempo: «Bob, todavía estoy contigo».

Dios creó a todo el que ha estado vivo alguna vez. ¡Eso es un montón de gente! Él nos creó para que lo amáramos. A veces es difícil recordarlo. De hecho, no fue mucho después de habernos creado que nos alejamos de Él. Todos estábamos perdidos, algo así como yo en la secundaria. Nos habíamos olvidado de que Él nos creó para ser su pueblo. Así que Dios hizo un plan para arreglar las cosas en el mundo. Él decidió enviar a su Hijo, Jesús, a la tierra, para estar con nosotros.

Dios no trata de convencernos de que no nos aventuremos, pero Él se mantiene cerca de las personas que han olvidado quiénes son. Él está con ellos y ellas de la misma manera en que Randy estuvo conmigo. Y podemos hacer lo mismo por nuestros amigos. La próxima vez que tus amigos parezcan un poco perdidos o como si hubieran olvidado quiénes son, haz lo que hizo Randy. No necesitas decir mucho. Simplemente diles que estás *con* ellos —de la misma manera que Dios está con nosotros siempre— pase lo que pase.

# VIAJE EN VELERO CON YOUNG LIFE

Cuando estaba en la universidad, pasaba mis veranos haciendo trabajo voluntario para una organización llamada Young Life. Los voluntarios de Young Life pasan su tiempo con los estudiantes de secundaria en sus escuelas. Van a los partidos de fútbol y otras actividades después de la escuela y, con el tiempo, les hablan sobre quién es Jesús y quién Él quiere que ellos y ellas sean.

Una de mis cosas favoritas sobre Young Life son sus campamentos de verano. Los estudiantes de secundaria pueden asistir a muchos campamentos de Young Life. Un verano, mi amigo Doug y yo llevamos a un grupo de muchachos de Young Life a navegar en Canadá.

Cerca de una docena de estudiantes se inscribieron para el viaje en velero, y no podían haber sido más distintos entre sí. El grupo incluía a jugadores de fútbol americano y porristas, chicos artísticos y otros bastante rudos, estudiantes con A en todas sus calificaciones y otros que apenas se graduarían. No voy a mentir... el primer día en el velero fue más que un poco complicado, pues los grupos de muchachos se esforzaban por mantener la mayor distancia posible entre ellos en el barco.

Zarpamos temprano en la mañana, pasamos por debajo del Puente Lions Gate en Vancouver y nos dirigimos hacia el norte. Lo extraño sobre estar en el mar es que, aunque te encuentras en un espacio relativamente pequeño que está seco y es seguro, te hallas rodeado completamente por agua con más de mil pies de profundidad. Por todas partes hay olas y vientos fuertes... y no tienes adónde ir. Estar en un barco pequeño por una semana puede acercar a personas que de otra manera no parecen tener nada en común.

Para el tercer día, habíamos hecho casi todo el recorrido hasta una hermosa ensenada rodeada por montañas y glaciares. El sol se asomó entre las nubes y anclamos con la brisa en nuestros rostros. En la parte delantera del barco había una vela enorme y colorida llamada «espináquer». ¡Era más grande que el velero! Mientras estábamos anclados, Doug y yo descubrimos que, si enganchábamos un par de arneses en la parte inferior del espináquer para que los muchachos se sentaran, sería una aventura divertidísima para ellos.

Los muchachos se turnaron para sentarse en el arnés, entonces la vela se llenaba con aire y los elevaba por encima del mar. Se elevaban rápidamente por los aires, más alto con cada ráfaga de viento, hasta que la vela colapsaba a unos veinte pies y los muchachos se estrellaban en el agua. Los estudiantes se rieron tanto que lloraron, y la diversión les duró horas y horas. De pronto, el que un muchacho fuera el jugador estrella del equipo de fútbol y el otro no fuera atlético y se inclinara a las artes no parecía importarle a nadie. Pienso que Dios lo hizo así para que las experiencias compartidas —el hacer cosas juntos— acerquen a las personas, sin importar lo diferente que sean.

No es de extrañar que Jesús decidiera pasar tanto tiempo en barcos con sus discípulos. Verás, los discípulos no eran jugadores de fútbol, ni artistas ni porristas, pero eran igualmente diferentes. Algunos eran pescadores y otros eran recaudadores de impuestos. Algunos habían ido a la escuela por muchos años y otros probablemente nunca fueron. Algunos contaban dinero por sus trabajos, mientras que otros pasaban sus días tratando de sacar peces apestosos de redes enredadas. Es fácil olvidar lo diferentes que eran.

En una ocasión, Jesús salió con sus discípulos en una barca y los sorprendió una enorme tormenta. Los discípulos se atemorizaron y corrieron hasta donde estaba Jesús. Lo encontraron apoyado en un cojín... *dormido.*

Presos del pánico, los discípulos despertaron a Jesús. «¡Vamos a morir!», gritaron. «¡¿Cómo puedes estar durmiendo?!».

Jesús se paró y con la autoridad tranquila que viene solo de ser Dios, dijo: «Vientos y olas, ¡deténganse! Manténganse en calma». Inmediatamente la tormenta cesó y la Biblia cuenta que los discípulos quedaron maravillados ante Jesús.

Sospecho que los discípulos no fueron los mismos después de aquel viaje en barco. Seguramente se dieron codazos unos a otros y dijeron: «¡¿*Viste* eso?!». Me pregunto si ese momento en el que juntos se maravillaron ante Jesús los hizo menos conscientes de los errores, las diferencia o los éxitos mutuos.

Cuando disfrutas de una aventura con otras personas, todo cambia. Estar rodeados por el viento y las olas, viajar por el mundo hermoso creado por Dios y colgar de un espináquer gigante son las cosas que hacen que nuestras diferencias sean menos importantes. Cuando miras una montaña altísima con sus barrancos escarpados y cascadas cayendo a miles de pies, te olvidas de que la persona que está al lado tuyo huele un poco raro o fue injusta contigo una vez cuando estaban en segundo grado. Dios nos diseñó para fuera que así. Creo que sabía que mientras más nos maravillamos ante Él, menos nos juzgamos unos a otros.

# PASTEL DE BODAS

Cuando mi dulce María y yo nos casamos, no teníamos dinero. Mucha gente tiene flores y filetes en sus bodas. Cuando preguntamos y descubrimos que eran demasiado caros, ¡para nada nos decepcionamos! Inflamos mil globos de colores y servimos macarrones. Lo que más me importaba de la boda (aparte de casarme con mi dulce María, por supuesto) era el pastel. En aquel momento, los dos éramos parte de Young Life, así que teníamos muchos amigos en la secundaria. Uno de ellos nos dijo que su papá era dueño de una repostería y que podía hacernos un pastel enorme por casi nada. Me convenció.

Cuando llegamos a la recepción nupcial, vi que nuestro amigo estaba montando el pastel en el estacionamiento. Me pareció un lugar algo extraño para estar armando un pastel, pero el pastel como tal era espléndido... cuatro capas, cada una sostenida por pilares. Era el pastel más hermoso que jamás hubiera visto... la clase de pastel con el que sueñas. No podía esperar para que nuestros invitados lo probaran. Nuestro joven amigo terminó de montar el pastel en un carrito y comenzó a empujarlo sobre el asfalto irregular del estacionamiento.

«Oh no...», dijo mi amigo. Justo cuando estábamos entrando en el área de la recepción, una de las ruedas del carrito se

atascó con una piedrita. En un momento horrible, todo el pastel de bodas se cayó al suelo.

Paf.

*Paf.*

PAF.

Estábamos en parte aturdidos, en parte sorprendidos mientras evaluábamos el daño. Era como si hubiéramos tenido una colosal guerra de comida con pastel y glaseado... ¡sin haber tirado nada! El desorden resultaba extraordinario. Los invitados llegarían en unos momentos y no teníamos un plan B. ¡Realmente necesitábamos servir ese pastel! Le pedí a mi dulce María que se fuera al área de recepción y comenzamos a recoger el pastel. Mi amigo de secundaria y yo volvimos a juntar aquel pastel lo mejor que pudimos y regresamos a toda prisa a la repostería para cubrirlo con glaseado otra vez.

Varios frascos de glaseado más tarde, habíamos salvado nuestro pastel (o algo así), y —no les digas esto a nuestros invitados— lo servimos en la recepción, *con piedritas y todo.*

Igual que aquel pastel, nuestras vidas están llenas de piedritas y pedacitos de asfalto. Todos tenemos esos momentos en lo que somos torpes, cometemos errores, herimos los sentimientos de alguien, nos olvidamos de hacer lo correcto o perdemos los estribos. Nada de esto nos descalifica para que Dios nos use para amar a otros. De alguna manera, Jesús nos permite servir. Él no ignora las áreas de nuestras vidas en las que no somos perfectos, y quiere ayudarnos con las cosas que estamos haciendo mal. Lo que Él hace es usarnos a pesar de esas imperfecciones.

A lo largo de toda la Biblia hay historias en las que Jesús pasa su tiempo con personas que han cometido errores muy, muy serios. Pero, ¿sabes con lo que Jesús compara su reino? ¡Él dijo que se parecía a una fiesta de bodas! Dijo que los invitados serían los imperfectos porque se dan cuenta de lo mucho que necesitan a Jesús.

Y si terminamos hechos pedazos en el estacionamiento, Jesús nos juntará otra vez. Él no mueve su cabeza y simplemente empieza de nuevo con otra persona. Jesús nos recoge y nos usa, tal como somos.

# FOTOS EN LA BILLETERA

**E**s posible que no sepas algo sobre mí: como casi todos los adultos, llevo conmigo una billetera, pero a diferencia de la mayoría de los adultos, mi billetera es bien, *bien* grande. ¡Es enorme! La llevo en mi bolsillo trasero y a veces, cuando me siento en mi auto, creo que mi cabeza chocará con el techo.

Tengo en mi billetera las cosas normales: mi licencia de conducir, un cupón para comprar yogur helado, un par de dólares... ¿pero sabes qué hace tan grande mi billetera? ¡Las fotos! Mi billetera está a punto de reventar con fotos de las personas que más amo. Lleno mi billetera con fotos de todo lo que es importante en mi vida. No hay fotos de mi casa ni de mi auto ni de mi alcancía. Por supuesto, nada de eso es malo. Solo que esas no son tan buenas como las fotos de la familia y los amigos.

Las fotos en mi billetera están un poco dobladas y desgastadas, pero me gusta saber que están ahí. Cuando busco dinero en mi billetera para comprar una barra de chocolate, con frecuencia veo los rostros que amo detrás de un billete, y eso siempre me hace sonreír. Es como si me estuvieran diciendo: «¡Compra otra para mí!».

Si les preguntas a mis hijos, te dirán que lo único que quiero en Navidad son fotos de ellos. De hecho, bromeamos diciendo que la Navidad para mí siempre es una «Navidad plana», porque todos mis regalos debajo del árbol son planos. Por lo general, son rectangulares y tienen fotos enmarcadas debajo del papel de regalo navideño. Verás, mi vida gira alrededor de mi familia y nada es más especial para mí que tener fotos de mi esposa, mis hijos y hasta de mi perro para recordar lo que de verdad es importante.

Una Navidad, mis hijos tomaron un regalo plano que estaba debajo del arbolito y caminaron juntos hacia mí con una enorme sonrisa en los labios. «Esto te va a encantar», me dijeron mientras me entregaban un paquete envuelto en papel festivo. Era más grueso que las fotos que normalmente recibo, y podía sentir lágrimas acumulándose en mis ojos, porque sabía que sería otra foto de alguna de las personas que más amo.

«¡Es un libro de fotos!», gritaron los muchachos mientras yo rompía el papel de regalo. Tenía fotos de todas las aventuras que hemos compartido juntos. ¡Era un libro bastante grueso! Fui pasando las páginas una a una, y pensaba en nuestras aventuras y en las cosas que hemos aprendido juntos en el camino.

Al llegar a las últimas páginas del libro, me corrían lágrimas de felicidad por las mejillas. Cuando llegué al final, me sorprendió encontrar un sobre pegado en el interior de la contraportada. Dentro del sobre, encontré tres cartas: una de cada uno de mis hijos. Sin embargo, no escribieron las cartas para mí. Se las escribieron a sus futuros hijos. Las cartas contaban historias sobre sus anhelos y su amor, y las aventuras que ellos esperaban emprender juntos, cuando tuvieran sus propios hijos.

La carta de Adam dice así:

*Queridos hijos futuros:*

*Verán en este libro muchas fotos de las aventuras que hemos compartido como familia. No puedo esperar para llevarlos conmigo a distintas aventuras. Espero que amen a Jesús y las aventuras tanto como nosotros.*

*Con amor,*

*Su papá, Adam*

No estoy seguro de que Dios cargue una billetera, pero si lo hace, no tengo dudas de que debe estar casi por reventar con fotos de sus hijos... incluyéndonos a ti y a mí. Tal vez, mientras creaba el mundo entero y ponía las estrellas en el cielo para que brillaran sobre nosotros, Él regó sus fotos por todo el piso de la sala del cielo y pensó para sí: *Les va a encantar este lugar.*

Igual que mis hijos les escribieron cartas a sus futuros hijos, Dios también nos escribió cartas repletas de historias de esperanza y amor, y de invitaciones a las aventuras que anhelaba que disfrutáramos con Él. Todas esas cartas e historias están en un libro que llamamos la Biblia. No sé cómo Dios lo llama, pero sospecho que lo llama el libro de lo que desea que hagamos juntos con Él por siempre.

A veces es fácil olvidar que cuando Dios piensa en ti, una enorme sonrisa aparece en su rostro. Él no solo nos creó, sino que le caemos muy, *muy* bien. Como un papá orgulloso que quiere enseñarle a todo el mundo las fotos de sus hijos, tal vez Dios esté llamando constantemente a los ángeles para enseñarles nuestras fotos en su billetera. Él les cuenta lo que hemos estado haciendo mientras permanecemos en la tierra y lo que espera que hagamos. Ha mostrado tus fotos tantas veces en el cielo, que sospecho que las esquinas de algunas de ellas están un poco dobladas y desgastadas. Pero a Él no le importa, porque todos los días y con todo lo que haces, Dios recibe una nueva foto tuya para su billetera.

# 9

# MONOCICLO

«**M**amá. Papá. Tengo una pregunta», anunció mi hijo Richard, con toda la seriedad que podría tener su voz a los siete años. «¿Podría recibir temprano mi regalo de cumpleaños?». Mi dulce María y yo nos miramos sorprendidos y luego miramos a Richard. Era enero. Su cumpleaños era en junio. Richard es el tipo de niño que tomaría la galleta más pequeña en la bandeja para que tú pudieras tomar la más grande, y luego te convence de que, a fin de cuentas, él quería la pequeña. Pedir su regalo de cumpleaños temprano no se parecía a él. Esto tenía que ser muy bueno.

«Cariño, dinos lo que tienes en mente», le contestamos.

Richard nos contó la historia. Aparentemente, su clase de segundo grado estaba organizando una feria para los estudiantes de kínder en la escuela, y cada alumno en la clase tenía que seleccionar en qué quería participar para la feria. Cuando la maestra le preguntó a Richard qué quería hacer, él respiró profundo y proclamó:

«¡Quiero montar en monociclo!».

¿Sabes lo que es un monociclo? Se parece a una bicicleta, pero en vez de tener dos ruedas, tiene solo una. Los monociclos son *realmente* inestables, y Richard nunca había montado uno en toda su vida. Solo había visto un monociclo una o dos veces antes. A Richard no se le ocurrió escoger algo que ya

dominara para su participación en la feria. Por el contrario, simplemente pensó en lo más divertido que podía imaginarse y se arriesgó. Me gusta eso sobre mi hijo.

Por supuesto, la gran idea de Richard creó un gran problema, y por eso nos estaba pidiendo que le adelantáramos su regalo de cumpleaños. Richard tenía exactamente diez días a fin de aprender a montar monociclo para la feria en la escuela, y ni siquiera tenía uno.

Richard rompió su alcancía, y mi dulce María y yo acordamos ayudarlo con el resto de lo que necesitaba para recibir temprano su regalo de cumpleaños. Aquella misma tarde, Richard ya estaba practicando en nuestro garaje, balanceándose de aquí para allá en un monociclo para niños y aguantándose con todas sus fuerzas a una soga que colgamos allí. Durante los diez días siguientes, podías encontrarlo en el garaje, pedaleando lentamente de un lado a otro, y su balance iba mejorando poco a poco.

Cuando llegó el día de la feria, Richard solo podía dar unas cuantas pedaleadas tambaleantes antes de caerse. Sin embargo, los niños y las niñas de kínder se volvieron locos, aplaudiendo y animándolo. No era importante que Richard no hubiera sido un experto montando monociclo... aquellas pedaleadas tambaleantes eran la manera en que Richard les estaba demostrando a los estudiantes que eran amados y que merecían un buen espectáculo, y eso era todo lo que importaba.

Muchas veces, cuando pensamos en amar a los demás y en edificar el reino de Jesús aquí en la tierra, es fácil creer que necesitamos tener todo resuelto antes de comenzar. Pero no es así. Cuando la maestra de Richard le preguntó qué quería hacer para la feria, Richard no se detuvo a pensar en lo que no *podía* hacer ni en lo que no *tenía*. En lugar de eso, se imaginó el truco de feria que podría causar la mayor impresión, y les pidió ayuda y dirección a sus padres para hacerlo realidad.

¿Sabes que podemos hacer lo mismo? Cuando estés pensando en cómo demostrarle tu amor a la gente, hazlo en grande. Imagínate lo más extraordinario que podrías hacer para amar a otros, acude a tu Papá celestial y pídele ayuda y consejo, y esfuérzate por llevar cabo los sueños creativos que Él te ha dado con todo lo que tengas. A fin de cuentas, Dios no se deleita en nuestros éxitos; se deleita en nuestros intentos. Cualquier cosa que hagamos para amar a los demás, aunque sea imperfectamente, es una pedaleada que nos acerca a traer el reino de Dios aquí a la tierra.

## 10

# PARA VER UN POCO MEJOR

**T**an pronto abrí mis ojos aquella mañana algo se sentía raro.

Blinc.

*Blinc. Blinc.*

Sentía como si tuviera puesto un parche de pirata en un ojo, y eso habría sido fantástico. Pero nada estaba cubriendo mi ojo. Como si alguien hubiera movido el interruptor, de pronto no podía ver nada por mi ojo derecho. Me cubrí el ojo izquierdo con la mano y todo estaba oscuro.

Ahora bien, aunque de niño no era muy bueno en la escuela, resulta que ahora me encanta establecer escuelas. Durante los pasados años, he viajado por el mundo entero y trabajado con algunas personas extraordinarias abriendo escuelas para niños y niñas. Esta mañana en particular, estaba en Irak, en una reunión con nuevos amigos y haciendo planes para otra escuela. Este era un viaje importante y visitaría un par de países más antes de regresar a casa, así que pensé que podía arreglármelas con un solo ojo y esperar para ver a un doctor. Cuando regresé a San Diego, finalmente fui a visitar a mi doctora de los ojos. Ella es una de las mejores especialistas de ojos en todo el mundo. Cuando le dije que había seguido viajando sin que me examinaran el ojo, movió su cabeza.

«Bob», me dijo. «¡Debiste haber venido a verme mucho antes!».

Afortunadamente, mi doctora pudo operarme de inmediato. ¡Lo mejor fue que después sí usé un parche de ojos *real*! Tuve que mantener mi ojo cubierto con el parche por varias semanas, así que durante ese tiempo estuve imaginándome lo maravilloso que sería ver otra vez.

Finalmente, llegó el momento de que la doctora removiera el parche de mi ojo, pero ocurrió algo inesperado. Abrí mi ojo derecho, ¡pero todavía no podía ver bien! Ya no veía una total oscuridad, pero el mundo entero seguía viéndose borroso, como cuando abres tus ojos debajo del agua.

«¡Espera!», exclamé con incredulidad. «¿Por qué la cirugía no funcionó? ¡Pensé que podría ver otra vez!».

«Bob», me contestó pacientemente la doctora. «Cada día verás un poquito más».

«¿Cuándo podré ver otra vez *de verdad*?», le pregunté. El no saber cuándo mi ojo estaría completamente sano me preocupaba un poco. Muchas de las cosas que me gustan hacer, como manejar autos y pilotear aviones, requieren mis

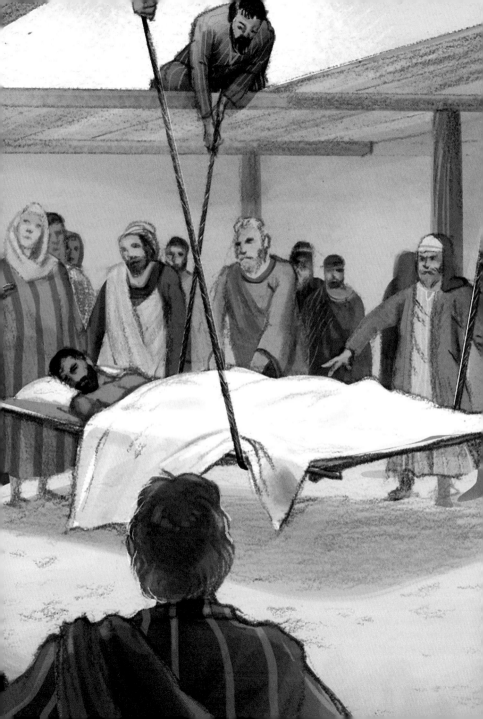

dos ojos. No quería esperar para hacer esas cosas. ¡Quería estar bien al instante!

Durante los meses que siguieron, continué visitando a mi doctora de los ojos para chequeos regulares. En cada ocasión le preguntaba cuándo podría ver otra vez y su respuesta era siempre la misma: «Cada día verás un poquito más».

En la Biblia hay muchas historias en las que Jesús se relaciona con personas enfermas o que no podían ver. En una ocasión, Él estaba caminando con sus amigos y se encontró con un hombre ciego. Algunos de los amigos del ciego lo habían traído a Jesús y le suplicaron que lo sanara. Jesús escupió en los ojos del hombre, puso sus manos sobre él y luego le preguntó si podía ver.

El hombre respondió: «Veo gente. Parecen árboles caminando». Cuando Jesús lo tocó otra vez, el hombre pudo ver claramente. Ahora me identifico mucho con esa historia, porque yo tampoco me curé completamente de una sola vez. *Todavía* estoy viendo un poco mejor cada día.

En otra ocasión, había un hombre que estaba tan enfermo que apenas podía levantarse. Así que los amigos del enfermo tomaron su cama y la cargaron hasta llegar a la casa donde Jesús se encontraba enseñando. Cuando llegaron, los amigos descubrieron que la casa estaba tan llena de gente que no podían entrar por la puerta. ¿Crees que esto los detuvo? ¡No!

Los amigos del hombre decidieron hacer un hueco en el techo y bajar a su amigo por él. Cuando terminaron de transformar la casa en un convertible y colocaron a su amigo delante de Jesús, ¿sabes lo que Él le dijo al hombre? No le dijo: «¡Estás sano!», ni lo curó de inmediato. En lugar de esto, le dijo: «Amigo, estás perdonado». No me parece que Jesús solo estuviera perdonando al hombre por el hueco que sus amigos habían hecho en el techo. Verás, Jesús sabía que era necesario sanar el corazón del hombre, hasta lo más profundo, antes de que el resto de su cuerpo pudiera ser sanado.

Se me ha hecho realmente difícil ser paciente mientras espero a que mi ojo vuelva a la normalidad. Pero, ¿sabes qué? He notado que Jesús está sanando mi interior mientras cura mi exterior. Aunque todavía no puedo ver bien por mi ojo, estoy aprendiendo a ver un poco mejor en otras maneras. Ahora me doy cuenta cuando necesito ser más paciente y bondadoso, o cuando necesito ayudar a otros. Lo que estoy aprendiendo de Jesús y mis ojos es que Jesús se preocupa por todos nosotros y quiere sanarnos por dentro y por fuera. Por lo tanto, la próxima vez que te sientas enfermo o herido, pídele a Jesús que te sane por dentro *y* por fuera... ¡porque a Él le importa todo sobre ti!

# 11

# ZOOLÓGICO

Cuando nuestros hijos eran pequeños, en nuestra casa había más animales que en el zoológico. No tuvimos un panda ni un oso polar ni un cocodrilo, pero no porque no lo hayamos intentado. Teníamos un conejito con orejas cortas llamado Ben, que era negro y blanco y parecía una pelota de fútbol con orejitas caídas. También teníamos cuatro gallinas rojas de Rhode Island llamadas Teriyaki, Coronel Sanders, Nugget y Barbeque. (Las llamábamos Terri, Coronel, Nugget y Barbie, para abreviar.) Aunque les pusimos nombres de comida a las gallinas, nunca nos las comimos, por supuesto. Estas gallinas ponían sus huevos por todo el patio, y nos parecía que todos los días eran el día para buscar huevitos de Pascua.

Unos de nuestros animales preferidos eran nuestros patos. No salimos a buscarlos; más bien, ellos nos encontraron. Un día, mi dulce María estaba en la oficina de correos y el hombre detrás del mostrador parecía estar bastante enojado.

«¿Algo anda mal?», le preguntó, preocupaba, mi dulce María.

«Alguien pidió unos patitos por correo», contestó el hombre, «¡pero no ha venido a buscarlos! Tienen apenas dos días de nacidos. Su familia cuida bien de sus animales, ¿cierto? ¿Le gustaría llevárselos a su casa?».

Mi dulce María lo pensó por un momento y respondió: «Con mucho gusto».

Cuando abrió la puerta de entrada, los frenéticos *pip-pip-pip* de una docena de patitos amarillos y mullidos llenaron la casa. De inmediato, los chicos hicieron una casita para nuestros nuevos amigos en un contenedor plástico, y le pusieron arriba una lámpara con luz cálida y agua fresca. Aquel día, nuestra familia se hizo un poco más grande, ¿y sabes qué? Así nos gustaba más.

Los patos no tardaron mucho en crecer, echaron plumas blancas y pasaban sus días en el patio con las gallinas y el conejo. Los chicos cargaban los animales por todo el patio, los alimentaban y los amaban. Y los animales les devolvían el cariño.

También conocíamos todas las costumbres de nuestros animales. Sabíamos lo que más les gustaba, como comer caracoles, y a lo que más le temían, como al perro del vecino. Sabíamos en qué eran buenos, como hacer desastres, y lo que no hacían bien, como las operaciones matemáticas. Sabíamos dónde les gustaba jugar y todos sus mejores escondites entre los arbustos.

Todas las noches, cuando el sol se estaba ocultando, llamábamos a los patos, las gallinas y el conejo. Ellos conocían nuestras voces y sabían que los protegeríamos, así que se contoneaban, pavoneaban o saltaban hasta la puerta trasera. Los contábamos uno a uno para estar seguros de que todos estaban

allí, y luego los guiábamos hasta los albergues que habíamos hecho para que se quedaran durante la noche.

Nunca pusimos una cerca alrededor de nuestras mascotas, porque nunca trataron de escapar. Probablemente las gallinas no habrían podido irse volando, aunque hubieran querido, pero los patos sí hubieran podido hacerlo. Sin embargo, ¿sabes qué? Nunca quisieron. Los patos se contoneaban felizmente alrededor del patio todo el día, se mantenían cerca unos de los otros y de nosotros, graznando a todo pulmón. Sabían que el lugar más seguro para ellos era cerca de nosotros, porque los cuidábamos. Si alguno salía del patio por error, los chicos lo encontraban de inmediato. Me atrevería a decir que los patos nunca trataron de escaparse porque recordaban lo mal que se sentía estar perdidos en la oficina de correos y lo bien que se sintieron cuando una familia cariñosa los encontró.

Todos tenemos en nosotros algo de un pato adoptado, en el sentido de que sabemos cómo se siente estar perdidos. Tal vez no hayamos ido a parar a la oficina de correos, pero todos nos sentimos un poco perdidos a veces en la casa o en la escuela o en nuestros vecindarios. También sabemos cómo se siente cuando nos encuentran. Piensa en alguna ocasión en la que te perdiste entre la multitud o en una tienda. ¿Recuerdas el pánico que sentiste cuando mirabas alrededor buscando a alguien conocido? Cuando tus padres o tus amigos te encontraron, probablemente dejaste escapar un gran suspiro. Es un sentimiento maravilloso... como si te pusieran en un cómodo contenedor plástico con una luz cálida.

La Biblia cuenta que las personas alrededor de Jesús veían lo bueno que era cuidando a los demás, y le llevaban muchas personas para que Él tuviera cuidado de ellas. Cuando Jesús les explicaba el amor de Dios a sus amigos, con frecuencia les daba ejemplos sobre el cuidado de los animales, como las aves y las ovejas. Jesús dijo que Él sabía lo que necesitaba hasta el ave más pequeña, y afirmó que, si una oveja se perdía, la buscaría hasta encontrarla. Estas historias tienen sentido para mi familia, porque sabíamos lo que nuestros patos, nuestras gallinas y nuestro conejo necesitaban, y también saldríamos a buscarlos si se perdían.

Dios conoce todo sobre sus hijos: lo que necesitamos, lo que nos gusta y dónde tratamos de escondernos a veces. Él se preocupa tanto por nosotros que siempre sale a buscarnos cuando estamos perdidos. Jesús contó estas historias de animales porque quería que conociéramos la razón por la que Dios lo envió a la tierra. Igual que las ovejas, nosotros estábamos perdidos, y Jesús vino a encontrarnos. Cada vez que pienso en nuestras mascotas y en la forma en que se quedaban en nuestro patio, recuerdo que el lugar más seguro para nosotros es cerca de Jesús, escuchando su voz y corriendo hacia Él cuando nos llama.

# REGALOS

Cuando era niño, solía contar los días para que llegara mi cumpleaños. Estoy seguro de que haces lo mismo. Soñaba con el pastel, el helado y los regalos. Pensándolo bien, todavía sueño un poco con el pastel y el helado, aun cuando no sea mi cumpleaños. Sin embargo, a medida que fui creciendo y tuve mis propios hijos, comencé a pensar en los regalos de una manera algo distinta.

Dejé de pensar en recibir regalos, porque para ser completamente sincero, mi familia era el único regalo que de verdad deseaba. Así que un día decidí hacer algo diferente. El día antes de mi cumpleaños, mi dulce María y yo subimos a todos los chicos en el auto y les dijimos: «Muy bien, muchachos. Tenemos que hacer un mandado importante. ¡Vamos a comprar algunos regalos de cumpleaños para mí!».

Los chicos estaban muy confundidos. «Espera», dijo Richard, «¿por qué papá viene con nosotros a comprar sus regalos de cumpleaños?».

Lindsey y Adam se miraron desconcertados. ¿Acaso no se supone que los regalos de cumpleaños sean sorpresas?

Los chicos se confundieron mucho más cuando nuestro auto pasó de largo ante todas las tiendas donde se compran los regalos normales para adultos y entramos al estacionamiento de su tienda de juguetes favorita.

Entonces dije, mirando a Richard y Adam: «Muchachos, ¡lo que realmente deseo para mi cumpleaños es un par de pistolas

NERF o un auto de control remoto como el que ustedes han querido! Y Lindsey, quiero que escojas una muñeca para mí y también un par de zapatos con brillo... ¡de tu tamaño!». Esto se convirtió en mi nueva tradición de cumpleaños.

Corríamos juntos de un lado para otro por los pasillos, y escogíamos pelotas y guantes de béisbol, y juegos de Lego, y muñecas y saltadores para niños como *mis* regalos de cumpleaños. Según los chicos fueron creciendo, los regalos cambiaron a cosas como ropa, música y tablas para la nieve. Como papá, todo lo que deseaba para mi cumpleaños era ver a mis hijos disfrutando las cosas que les gustaban y compartir esos momentos con ellos. La razón era sencilla: todo lo que les traía alegría a ellos, también me alegraba a *mí*.

¿Sabías que la Biblia habla mucho de regalos? Para el primer cumpleaños de Jesús, unos hombres sabios le trajeron oro, incienso y mirra como regalos. (Siempre me he preguntado si Jesús deseó secretamente haber recibido una bicicleta. Yo lo hubiera hecho.) Dios nos hace regalos especiales, como los amigos, la familia y las experiencias que disfrutamos. A Él le gusta hacer este tipo de regalos, porque lo que nos da alegría duradera también le da a *Él* alegría duradera.

La Biblia también habla de otro tipo de regalo que no recibes para tu cumpleaños ni en una tienda. Son los tipos de regalos que Dios pone *dentro* de nosotros. Algunos de los regalos son sentimientos, como la esperanza, el gozo y la alegría. Otros regalos son la capacidad para hacer cosas, como servir a las personas y ser generosos o ayudar para que otros entiendan quién es Jesús.

La Biblia habla sobre un hombre llamado Pablo, quien ayudó a que la gente entendiera lo que significaba seguir a Jesús después que Él regresó al cielo. Pablo escribió sobre cómo Dios le da a cada persona un regalo especial; algo que cada ser humano hace particularmente bien.

Él decía que mientras mejor entendiéramos nuestros regalos, mejor conoceríamos a Dios. ¿Sabes por qué Dios nos dio estos regalos? Pablo dijo que nos ayudarían a amarnos mejor los unos a los otros, y nos acercarían a Jesús.

Como papá, ver a mis hijos encontrar los regalos que a ellos les gustaban y verlos compartir los regalos conmigo y entre ellos era el mejor presente que podía imaginar. Pienso que Dios, que es nuestro Padre, tal vez sienta lo mismo con respecto a nosotros. El regalo que le hacemos a Él es disfrutar de los regalos que nos hace y compartirlos con otros. La manera en que nos amamos los unos a los otros le demuestra cuánto lo amamos a Él.

Mi amigo Don decía que Dios es un Papá que se hace presente en nuestras vidas, emocionado por ver las cosas maravillosas que podemos crear con lo que Él nos ha dado. Pienso que Don tiene razón. Creo también que nos hacemos presentes en las vidas de unos y otros. Nunca tuve que decirles a mis hijos lo que yo quería, porque ya lo sabían. Quería el amor de ellos. Quería que amaran a las personas a su alrededor. Y si ellos también querían un carrito de juguete y unos zapatos con brillo, mucho mejor.

# 13

# LAS CARTAS

La experiencia de nuestra familia haciendo amigos por todo el mundo comenzó con algunos sellos... 236 sellos, para ser exacto.

El 11 de septiembre del 2001 algo terrible ocurrió en el mundo. Algunas personas decidieron estrellar aviones en unos edificios para hacerles daño a otras personas. Escuché la noticia en la radio, mientras iba de camino a mi trabajo, e inmediatamente di la vuelta en el auto para decirles a mis hijos. Verás, nuestra familia no tenía televisor, y si algo malo había ocurrido en el mundo, quería que mis hijos lo escucharan directamente de su mamá y su papá.

Más tarde aquella noche, mientras conversábamos durante la cena sobre lo que había ocurrido, les pregunté a los chicos: «Si pudieran hablar en este momento con un presidente o un primer ministro, ¿qué le dirían?».

Los chicos pensaron por un minuto y entonces Lindsey dijo: «Bueno, me gustaría preguntarles qué le da esperanza a un líder, y les preguntaría qué dirían para alentar a los niños alrededor del mundo».

Richard estaba comenzando a interesarse en hacer vídeos, y me dijo: «Me parece que sería muy chévere hacerles una entrevista en vídeo que pudiéramos compartir con otros niños».

62

Entonces Adam, el menor, nos dijo: «Invitaría a los presidentes y a los primeros ministros para que visitaran nuestra casa, y si no pueden hacerlo, quizás les preguntaría ¡si nosotros podríamos visitarlos a ellos en sus casas!».

Para el final de la cena, ya habíamos ideado un plan. Los chicos decidieron que les escribirían cartas a todos los líderes mundiales y les preguntarían si podían reunirse con ellos para entrevistarlos en vídeo sobre el tema de la esperanza... y después compartirían ese mensaje de esperanza con los niños alrededor del mundo. También invitaríamos a los líderes a que nos visitaran en nuestra casa.

Lindsey, Richard y Adam escribieron sus cartas juntos. Cientos y cientos de ellas. Buscamos los nombres y las direcciones de todos los líderes mundiales. Los chicos terminaron escribiéndole a cada rey, reina, príncipe, princesa, presidente y primer ministro en el planeta.

Nos preguntábamos si algún líder respondería, ¿y sabes qué pasó? ¡La mayoría de ellos lo hizo! Las primeras cartas que llegaron fueron muy amables, y muchas llegaron con fotos y marcadores para libros. Sin embargo, ninguno aceptó la idea de la entrevista para los niños.

Entonces, un día, ¡ocurrió! ¡Recibieron un sí! Con el tiempo, más de veinticinco de los líderes accedieron a reunirse con los chicos. Invitaron a Lindsey, Richard y Adam a ir a sus casas, y hasta dijeron que mi dulce María y yo también podíamos acompañarlos. Después de intercambiar algunas cartas adicionales, programamos nuestras visitas, recibimos los boletos de avión, y así comenzó la aventura de los chicos.

Según nos íbamos reuniendo con los líderes y haciendo nuevos amigos, notamos que muchos de ellos decían lo mismo: si un adulto les hubiera pedido una reunión, los líderes probablemente habrían dicho que no. Nos dijeron que los adultos, por lo general, se presentan a las reuniones con una idea sobre algo que desean que los líderes hagan o no hagan, en lugar de simplemente querer ser sus amigos. Sin embargo, cuando los niños piden ser amigos, eso es todo: una invitación para ser amigos, sin esperar nada más a cambio.

Igual que los líderes que aceptaron reunirse con nuestros hijos, Jesús les dijo a sus amigos que Él también quería pasar tiempo con los niños. ¡Niños y niñas como tú! En una ocasión, Jesús estaba rodeado de adultos, y algunos niños trataron de acercarse para conversar con Él.

Los adultos trataron de ahuyentarlos, diciéndoles que Jesús estaba demasiado ocupado para ellos. Pero, ¿sabes qué les dijo Jesús? «¡Dejen que los niños vengan a mí!».

Jesús les dijo a los adultos que el nuevo reino que Él estaba creando en la tierra no es solo para los adultos. Todo el mundo es bienvenido, por supuesto, pero Él dijo que los niños serían *muy importantes* en lo que estaba haciendo. De hecho, ¡les dijo que los niños parecían entender muchas cosas que Él enseñaba mejor que algunos adultos!

Lo que aprendí de mis hijos y Jesús es que ser amigos de alguien sin esperar nada a cambio tiene el poder para cambiar el mundo. A veces los adultos les dicen a los niños todo lo que no pueden hacer hasta que sean mayores, pero tenemos que recordar que a Jesús no solo le agradan mucho los niños... Él quiere usarlos para enseñarles a los adultos cómo tener una fe como la de los niños.

No importa la edad que tengas, puedes ayudar a que la gente entienda cómo Dios quiere que veamos el mundo. Él quiere que lo veamos de la manera en que lo verían los niños.

## 14

# NOCHE SIN MODALES

¿**H**ay personas en tu vida que traten de enseñarte buenos modales en la mesa? Quizás tus padres te recuerden durante la cena que mastiques con la boca cerrada o que no pongas los codos en la mesa o que digas *por favor* y *gracias*. Aprender todo esto es muy bueno. ¡Quién sabe! Tal vez seas presidente algún día y no te gustaría poner tus pies sobre la mesa por error.

Es importante conocer los buenos modales, pero a veces es un poco aburrido mantener los buenos modales *todo el tiempo*. Así que hice un trato con mis hijos: si recordaban sus buenos modales en la mesa por una semana completa, tendríamos una Noche sin modales.

Miramos en nuestro calendario y circulamos la semana en la que practicaríamos nuestros mejores modales. Después observamos y esperamos según se acercaba la fecha. Finalmente llegó la semana, ¿y sabes lo que ocurrió! ¡Nuestros hijos tuvieron excelentes modales! Pusieron la mesa con los cuchillos, los tenedores y las cucharas en el lado correcto del plato, y los niños sacaron las sillas para que las niñas se sentaran. ¡Nadie eructó ni una vez! Lo hicieron muy bien. ¡La Noche sin modales había llegado!

Mi dulce María y yo preparamos sándwiches con carne y salsa, espaguetis y gelatina, y comimos todo esto *sin modales*. La comida voló por todos lados. Aplastamos varios sándwiches con carne en algunas cabezas. Los espaguetis fueron a parar en el techo. Las sillas terminaron cubiertas con gelatina. Soplamos burbujas en la leche, usamos los tenedores como si fueran palitos para tocar batería, y sí, eructamos en la mesa. ¡Muchas veces!

Fue.

Maravilloso.

Un par de años después, recibimos una invitación para una cena muy distinta. Cuando los chicos escribieron las cartas para los diferentes líderes mundiales, ¡una de las respuestas fue de un príncipe de verdad! Vivía con su esposa, que era

princesa, en un país que llevaba el nombre de su familia. El príncipe y la princesa tenían hijos e hijas, ¡y también eran príncipes y princesas!

El príncipe y la princesa invitaron a nuestra familia a cenar en su casa, y en secreto deseábamos que fuera un castillo. Aunque la familia vivía muy lejos, al otro lado del océano, fuimos. Resultó que el príncipe y su familia no vivían realmente en un castillo, pero su mesa de comedor era muy elegante... del tipo donde uno esperaría que un príncipe y una princesa cenaran todas las noches. La mesa era larguísima y tenía patas de madera talladas en forma de garras. Docenas de vasos relucientes estaban alineados sobre la mesa. Muchas velas —posiblemente todas las velas jamás creadas— brillaban por todo el comedor. Había muchísimos utensilios de plata en cada puesto. La princesa apretó un botón al lado de su plato y un mayordomo llegó con la comida. Pensé: *¡Esto es maravilloso! ¡Hemos estado practicando nuestros modales justo para un momento como este!*

Uno de mis hijos (Adam quiere permanecer anónimo) trató de cortar su pollo, pero en lugar de cortarlo, salió disparado de su plato como si le hubiera pegado con un palo de hockey y voló hasta el otro lado de la mesa. Aterrizó, con un *golpe seco,* justo al lado del plato del príncipe. Hubo un largo silencio. Todos estábamos horrorizados y nos preguntamos si el príncipe del país pensaría que acabábamos de atacarlo... ¡con una presa de pollo!

El príncipe miró el pollo al lado de su plato. Luego alzó la vista y apareció una enorme sonrisa en su rostro. Levantó su tenedor, lo colocó sobre la presa de pollo, y preguntó riéndose: «¿Juegan así en su país? ¿Debo lanzarlo de vuelta?». De pronto, era otra vez la Noche sin modales, ¡solo que esta vez era una edición con la familia real! Lo que comenzó como una cena elegante y formal, se convirtió en un comedor lleno de risas y excelentes conversaciones sobre la vida y las relaciones, e hicimos unos nuevos amigos extraordinarios.

Algo que nuestra familia ha aprendido a través de los años es que, ya sea una Noche con buenos modales o una Noche sin modales, sacar tiempo para sentarse a la mesa con nuevos y viejos amigos es importante. Jesús también pasó mucho tiempo haciendo esto. De hecho, ¿sabías que Jesús tuvo su propia versión de una Noche sin modales? Una noche, Él invitó a cenar a sus amigos, y antes de que empezara la cena, Jesús sacó un recipiente con agua y una toalla y comenzó a *lavarles los pies a sus amigos*. En aquellos días, esto rompía con todas las reglas de buenos modales, porque lo único aceptable era que los sirvientes lavaran los pies de las personas. Los discípulos se sorprendieron. Jesús era un Príncipe que tenía mucho en común con el príncipe que conocimos en nuestro viaje. Él sabía que amar a las personas a veces incluía aceptar sus modales absurdos, su pollo volador y sus pies sucios en tu mesa.

Después que Jesús regresó al cielo, sus amigos siguieron reuniéndose en distintas mesas, igual que la que probablemente tengas en tu casa. Partían el pan juntos, y así se aseguraban de que todo el mundo recibiera su porción, y compartían entre ellos todo lo que tenían. ¿No te parece genial? Jesús nos invita a nuestras mesas cada noche para hacer lo mismo. Cuando nos reunimos con otras personas, a veces rompen las reglas y nos ofenden, o hieren nuestros sentimientos. Pero, ¿sabes lo que Jesús hace cuando eso pasa? Las vuelve a invitar a la mesa, y nosotros también podemos hacer lo mismo. Porque después de todo, no son nuestros buenos modales lo que Jesús más desea de nosotros. Él quiere que seamos buenos amigos suyos, que seamos buenos amigos entre nosotros y que demostremos nuestro amor en maneras que rompan con las normas generales.

# 15

# OSOS

¿Te has asomado alguna vez por la ventana, a primera hora de la mañana, para chequear si hay algo interesante afuera, como una mariposa o nieve o nubes mullidas? Lo hice una mañana y adivina lo que vi: ¡un oso enorme!

Hace muchos años, nuestra familia construyó una cabaña en Canadá. Está en un lugar precioso, a más de cien millas de distancia de las carreteras o las ciudades más cercanas. No estoy bromeando... solo puedes llegar a ella por bote o en un hidroplano (¡un avión que puede aterrizar en tierra o en agua!). Cultivamos vegetales en el huerto, pescamos nuestra comida en el océano y hasta producimos nuestra propia electricidad a partir de un río. Es un lugar maravilloso para que la gente viva, pero es también un lugar maravilloso para los osos. ¡El bosque está repleto de ellos! La mayor parte del tiempo, los osos se mantienen lejos de nuestra cabaña, porque somos muy ruidosos. Sin embargo, a veces se pasean por nuestro balcón y se asoman por nuestras ventanas. Creo que sienten tanta curiosidad por nosotros como nosotros por ellos.

Cuando me encontré nariz con nariz con aquel oso a través de la ventana, me asusté muchísimo. Pero me mantuve donde estaba, aplaudí con mis manos, moví mis brazos sobre mi cabeza e hice muchísimo ruido. ¿Sabes qué hizo el oso? Se fue tan rápido que era como si nunca hubiera estado allí. Todo

lo que vi fue el rastro borroso de patas, pelo y orejas huyendo hacia la montaña.

Cuando mis hijos les escribieron a los líderes mundiales y pidieron reunirse con ellos, toda la familia tuvo la oportunidad de visitar un país contra el que Estados Unidos peleó una vez en una guerra. Ambos países solían tener miedo el uno del otro. Pero esto no impidió que mis hijos le escribieran una carta a su líder, ¡ni impidió que nuestro nuevo amigo se reuniera con nosotros!

Nos encontramos con el líder en un edificio enorme con muchas banderas y con soldados que hacían guardia tanto adentro como afuera. Cuando llegamos a su oficina, nuestro nuevo amigo entró y le dio la mano a Lindsey, Richard y Adam. Mientras nos sentábamos, él nos miró desde el otro lado de la mesa y confesó con una sonrisa: «Muchachos, necesito decirles un secreto». Los chicos se inclinaron hacia delante, mientras él bajaba su voz y miraba alrededor para asegurarse de que nadie estuviera escuchando.

«Cada vez que me reúno con otros líderes, me pongo un poco nervioso. ¡Sin embargo, me siento más nervioso reuniéndome con ustedes hoy, que cuando me reúno con el presidente de Estados Unidos!». Luego, con un brillo en sus ojos, el líder continuó: «Y cuando me pongo nervioso, me da mucha hambre... ¡así que comamos!». Dio una palmada y seis meseros entraron marchando en el salón, vestidos con guantes blancos y cargando bandejas de plata llenas de dulces, galletitas, helado y jugo de manzana.

Se sentaron alrededor de su escritorio, y mientras todos comían dulces, los chicos le preguntaron al líder qué mensaje de esperanza deseaba compartir con los niños alrededor del mundo. Él se reclinó en su silla y pensó por un momento. Luego, con el tono de un amigo de confianza, les dijo: «Déjenme contarles otro secreto. Cuando yo era joven, mi familia solía acampar en el bosque. Mi papá pretendía que había olvidado su sombrero entre los árboles y me pedía que fuera a buscarlo y se lo trajera. Me estaba enseñando a enfrentar mis temores». Se inclinó hacia delante un poco más y susurró: «Esta es la parte que no pueden contarle a nadie: ¡mientras caminaba por el bosque, comenzaba a silbar, porque tenía mucho miedo de encontrarme con un oso!». Los chicos se rieron nerviosamente y le prometieron que no le dirían a nadie. (Acabo de contártelo, pero tienes que prometerme que no le dirás a nadie más, ¿está bien?)

El líder continuó: «Este es el mensaje de esperanza que llevaría a los niños alrededor del mundo: a veces sientes como si hubiera muchos osos en el mundo; ya sabes, esas cosas que nos asustan y tenemos que enfrentar. Pero quiero que sepas que, para hacer un amigo, primero tienes que ser un amigo. Y cuando tienes amigos, ya no tienes que temerles a los osos».

Lo que nuestro nuevo amigo nos recordó es que, en algún momento, todos hemos sentido miedo por algo. Esto es una cosa que todos tenemos en común. Pienso que Jesús probablemente supo también cómo se sentía estar asustado. En un momento, la gente llegó a capturarlo con espadas en la mano. Él sabía que su tiempo en la tierra se estaba acabando.

Sin embargo, aunque se suponía que fuera el que más miedo sintiera, parecía ser el más confiado. Creo que sé la razón. Era porque Dios era su Amigo y su Padre.

La Biblia nos dice que Jesús seguía recordándoles a sus amigos que no tuvieran miedo. Jesús les dijo que Él nunca los abandonaría y que, además, les enviaría a un ayudante, el Espíritu, para que estuviera con ellos. El Espíritu les haría compañía, los consolaría, les daría consejos y también los haría valientes. Jesús nos promete lo mismo a todos nosotros. ¿No te parece fantástico? Nosotros también somos amigos de Jesús y Él promete que tampoco nos abandonará.

Pase lo que pase, ya no tenemos que sentir miedo. Jesús conoce todo sobre las cosas que nos asustan, pero aun cuando sintamos un poco de miedo, podemos recordar que Él es nuestro amigo y nunca se asusta. Sin duda, nos tropezaremos con «osos» de vez en cuando. Quizás sean del tipo grande, peludo y con dientes, como el que se asomó en la ventana de mi cabaña, o pueden ser las cosas que estamos tratando de aprender a hacer por primera vez.

Sin importar cómo luzcan tus osos, recuerda que nunca tienes que sentir miedo cuando los enfrentes, porque nunca estás solo. Como sabes que Jesús se encuentra a tu lado, puedes mantenerte donde estás, mover tus brazos, hacer muchísimo ruido como hice yo, y ver como tus miedos huyen y solo dejan un rastro borroso de patas, pelo y orejas, como si nunca hubieran estado allí.

# 16

# LLAVES

Cuando nuestra familia se preparaba para reunirse con los líderes mundiales después de escribirles las cartas, decidimos llevar con nosotros un lindo regalo para cada uno de ellos. El problema era que no podíamos pensar en un buen regalo para alguien que dirige a todo un país. Ya tienen todo... ¡tienen un *país entero*! Además, ¿qué podrían ofrecerles tres chicos de San Diego que ellos pudieran desear?

De pronto, mi dulce María tuvo una idea: «¿Qué tal si les damos una copia de la llave de nuestra casa?».

Todos sabíamos que solo nuestros amigos más cercanos tenían una copia de la llave de nuestra casa. (Y, a decir verdad, ¡esas son las únicas personas que *deben* tener una llave para entrar a tu casa!) Queríamos que nuestros nuevos amigos supieran que eran bienvenidos y les teníamos confianza, a pesar de que éramos de distintas partes del mundo.

Antes de viajar para conocer a nuestros nuevos amigos, hicimos cincuenta copias de la llave de nuestra casa y las pusimos en unas cajitas. Al final de cada entrevista, orábamos por el líder y luego uno de nuestros hijos decía: «¡Le trajimos un regalo! Esta es una copia de la llave de nuestra casa. Queremos que sepa que pensamos en usted como nuestro amigo, y está invitado a venir a nuestra casa cuando desee. Simplemente traiga su llave, ¡y puede entrar cuando quiera!».

¿Sabes qué pasó cuando los chicos le dieron la llave a un presidente o a un primer ministro o a un embajador? Los ojos de nuestros nuevos amigos se llenaron de lágrimas. Todas. Las. Veces. Siempre nos preguntaban lo mismo: «¿Confías en que puedo tener la llave de tu casa? ¿De verdad quieres que te visite?».

Algunas personas pueden pensar que no es muy seguro entregar muchas copias de la llave de tu casa. Y es cierto que solo debes dársela a tus amigos, y con el permiso de tus padres. Sin embargo, lo que hemos aprendido es que no estamos menos seguros cuando tenemos más amigos; estamos más seguros.

Antes de que Jesús regresara al cielo, Él les prometió a sus discípulos: «¡Voy a preparar un hogar para ustedes!». El cielo es nuestro verdadero hogar. Y nuestra familia decidió que una de las cosas que queremos hacer en la tierra es ayudar a otras personas a darle una ojeada al cielo.

Queremos que experimenten lo que se siente al ser bienvenidos a una casa de la misma manera en que Jesús nos recibe en la de Él. Jesús está preparando un hogar para nosotros, así que tenemos la oportunidad de ser parte de la preparación de un hogar para otros. Abrir nuestra casa para nuestros amigos alrededor del mundo nos ha enseñado que la verdadera amistad significa que amamos a todos, todo el tiempo, y que todo el mundo es bienvenido.

Algunos de nuestros amigos líderes han pasado por momentos difíciles a lo largo de los años, y los chicos les han escrito varias cartas diciéndoles: «¿Se acuerda de su llave? Venga y úsela en cualquier momento. Pase lo que pase, somos sus amigos». Con los años, hemos visto cómo las amistades cobran vida cuando las personas saben que son realmente bienvenidas.

El mundo sabrá que creemos de verdad cuando vean la manera en que amamos a otros. Si creemos que nuestro hogar está en el cielo, entonces podemos demostrarles a otros que son bienvenidos a nuestros hogares aquí en la tierra.

# NUEVOS AMIGOS

**L**indsey entró corriendo por la puerta después de la escuela, dejó su mochila en el suelo y se dirigió a su computadora en el segundo piso. Los chicos acostumbraban chequear los emails de Lindsey todos los días; usaban su cuenta a fin de mantenerse en contacto con los nuevos amigos que hicimos en nuestro viaje para conocer a los líderes mundiales. Le dimos a cada líder una llave de nuestra casa y les dijimos que tendríamos un cuarto de huéspedes listo solo para ellos. Esto es cierto, pero toda la verdad era que nuestro «cuarto de huéspedes» consistía realmente en un par de literas en nuestro garaje.

Por lo general, los emails que llegaban eran simplemente para decir hola, o preguntarles a los chicos sobre lo que estaban aprendiendo en la escuela, pero este día fue distinto. El embajador de otro país escribió:

*Queridos Lindsey, Richard y Adam:*

*Me gustaría usar mi llave y visitarlos en San Diego, con mi esposa y mi hijo. ¿Podemos quedarnos con ustedes?*

*Su amigo,*

*Jaime*

«¿Mamá?», Lindsey gritó desde las escaleras.

«¿Sí, cariño?».

«Acabo de recibir un email de un embajador. ¡Quiere venir con su familia para quedarse con nosotros en el garaje!».

Los chicos estaban muy emocionados con la visita de un embajador y su familia, pero mi dulce María estaba mortificada. «¡¿Vamos a dejar que un embajador duerma en nuestro *garaje*?!». Pensamos por un momento en todo lo que tendríamos que hacer a fin de que nuestra casa luciera lo suficientemente linda para el embajador y su familia. En realidad, todo lo que teníamos para ofrecerles era un montón de platos de papel y nuestra amistad. En el fondo, todos sabíamos que era suficiente.

No sabíamos qué esperar cuando llegaran el embajador y su familia. Nos los imaginábamos llegando a nuestra casa en una larga limosina, con banderas y quizás una banda, y agentes secretos deslizándose por los lados de nuestra casa y escuchándose unos a otros a través de los auriculares de sus radioteléfonos portátiles.

Para nuestra sorpresa, el embajador y su familia llegaron a nuestra casa en una minivan alquilada. No tenía banderas ni nada. Y para ser sincero: me desilusioné un poco cuando no vi a ningún agente secreto en los arbustos al lado de nuestra puerta principal. Saludamos al embajador y su familia con un cálido abrazo, y se sintió exactamente como si unos viejos amigos de la familia hubieran llegado a visitarnos. ¿Sabes por qué? Porque eso era justo lo que había ocurrido.

Más tarde aquella noche, después de una gran cena de pizza (servida en platos de papel, por supuesto), nos sentamos en el balcón con el embajador y su familia, todos contentos y llenos. Ya no podía esperar más para hacer mi pregunta. «Jaime», le dije, «simplemente tenemos que preguntar: ¿Qué les hizo decir que sí cuando les pedimos que fueran nuestros amigos y los invitamos para que vinieran a visitarnos?».

El embajador se sonrió y luego respondió amablemente: «Bueno, recibo muchísimas cartas todos los días. En realidad, cientos de cartas. He sido embajador por muchos años, pero nunca antes en ninguna de esas cartas había escuchado de ningún niño que simplemente quisiera ser amigo mío y de mi familia, ¡y ni hablemos de invitarnos a su casa! Cuando lo supe, ¿cómo podía decir que no?».

Aquel día, nuestra familia aprendió mucho sobre Jesús a través de Jaime y su familia, y en los años siguientes nuestra amistad continuó creciendo. Jaime no se reunió con nuestros hijos porque fueran poderosos ni ricos... se reunió con ellos porque simplemente querían ser sus amigos. De igual manera, a Jesús le encanta recibirnos para que pasemos tiempo con Él, y podemos hacerlo tal como somos, ya que somos suyos. No tenemos que ser poderosos, ni ricos ni nada para ser amigos de Jesús.

La manera en que conocimos al embajador me recuerda la historia de cómo Zaqueo conoció a Jesús. Cuando Zaqueo escuchó que Jesús estaba a punto de pasar por su ciudad, se subió en un árbol para poder ver mejor por encima de la multitud. Jesús miró hacia arriba, vio a Zaqueo en el árbol, y le dijo: «Zaqueo, ¡esta noche voy a cenar a tu casa!». ¿Te imaginas la sorpresa que se llevó Zaqueo? Tal vez se preguntó si su casa sería lo suficientemente bonita.

Los amigos de Jesús también se sorprendieron. Ellos sabían quién era Zaqueo y no le caía bien a nadie, porque no era agradable con las personas. Zaqueo tenía la costumbre de tomar cosas que no le pertenecían. A Zaqueo le sorprendió muchísimo que Jesús quisiera cenar con él, de la misma manera que mi familia se sorprendió cuando el embajador quiso hospedarse en nuestra casa. Como nosotros, Zaqueo probablemente no sabía qué esperar cuando su invitado llegara y quizás le preocupaba lo que Jesús podría pensar una vez que lo conociera mejor. Sin embargo, después de aquella visita de Jesús, Zaqueo cambió completamente. Él prometió que devolvería todo lo que había tomado de otras personas; de hecho, ¡dijo que les devolvería cuatro veces más de lo que había tomado!

Esto fue lo que los chicos y yo aprendimos del embajador, de Jesús y de Zaqueo: hay un poder increíble en amar a las personas, independientemente de su estatus y reputación. Nos habríamos perdido una amistad especial si hubiéramos decidido no invitar al embajador a nuestra casa porque pensábamos que él era muy importante o que nosotros éramos muy insignificantes. En lugar de preocuparnos por si tenemos o no suficiente para ofrecer a otros, podemos confiar en que ofrecer lo mejor que tenemos —aunque no sea perfecto— es suficiente. Dios quiere conocernos a cada uno de nosotros, y quiere que nosotros nos conozcamos unos a otros.

# 18

# TODO EL MUNDO
# EN EL DESFILE

Cuando mis hijos eran pequeños, pasamos por la etapa de construir *go-karts*. Hacíamos los carritos usando madera, botes de basura, ruedas, sogas y bocinas que encontrábamos.

Los *go-karts* no tenían motor, pero afortunadamente nuestra casa estaba en una calle con una pequeña loma. Con un buen empujón, ¡realmente ganaban velocidad! Como podrás imaginarte, hacíamos muchas carreras con todos los niños y las niñas del vecindario. Pronto, el bloque se llenó de *go-karts*. ¡Todos los chicos querían uno!

Un día se nos ocurrió una idea: *¿Qué tal si hacemos una fila con todos los go-karts y tenemos un desfile en la calle?* Decidimos que el Día de Año Nuevo sería un día divertido para un desfile, así que compramos trecientos globos y trescientas donas e invitamos a todos los vecinos a que vinieran. Le dijimos a todo el mundo que nos encontraríamos en el tope de la colina a las diez en punto de la mañana. Unos pocos minutos antes de las diez, no había llegado ninguna persona y nos sentimos un poco tristes de que nadie se uniera a nosotros.

Entonces, ocurrió algo extraordinario. ¡La gente comenzó a salir de sus casas! Los perros llevaban pañuelos en el cuello, los niños adornaron sus bicicletas con serpentinas y la gente comenzó a amarrar globos en sus autos. Para nuestro asombro, ¡llegó un hombre con una gaita y también un camión de bomberos! Todo el mundo hizo una fila con sus perros, sus *go-karts* y sus bicicletas. Alguien gritó: «¡Vamos!», y un desfile comenzó. En uno o dos minutos un desfile había terminado y todo el mundo estaba frente a nuestra casa comiendo donas.

¿Sabes qué fue lo mejor de un desfile? Que nadie lo vio, porque todo el mundo estaba participando en el. ¿No te parece maravilloso? ¡Las aceras estaban completamente vacías!

El desfile se convirtió en una tradición anual en nuestra calle, y hasta ahora, lo hemos celebrado durante veinticuatro años. Aunque estemos al otro lado del mundo, siempre nos la ingeniamos para regresar a nuestros vecinos todos los años para el desfile. Lo único que ha cambiado es que mis hijos son más altos y que ahora llenamos mil globos. (Trescientos ya no eran suficiente, pero sé que no necesito decírtelo.) Año tras año, ¡las aceras siguen vacías!

Aunque me encantan las donas, los globos y los camiones de bomberos, nada de esto es lo que hace el desfile realmente especial; en realidad, son las personas en el. Cada año le pedimos a un vecino diferente que sea la reina o el gran mariscal. Dios quiere amar a todo el mundo, pero especialmente quiere que amemos a las viudas, los huérfanos y nuestros vecinos. Por lo general, las mujeres a las que invitamos a ser reinas han vivido en el vecindario por muchos años. Algunas han tenido años difíciles o han perdido a sus esposos. Un año, nuestro cartero fue el gran mariscal, y otro año le pedimos a nuestro pequeño amigo, Charlie, que dirigiera el desfile calle abajo. El desfile nos ayuda a presentar una versión alegre y extravagante de amar a todo el mundo. Y todo lo que se necesitó fueron algunos globos y una caja de donas.

No estoy seguro de si Dios escogió exactamente quiénes serían nuestros vecinos cuando nos mudamos a nuestra calle, pero sí sé que Él no podía esperar a ver cómo amaríamos a las personas que vivían justo al lado nuestro. Cuando Jesús les enseñó a sus discípulos que amaran a sus vecinos, pienso que quiso decir exactamente eso: Él quería que amaran a la persona al otro lado de la pared o de la cerca o de la calle. Cuando amas a las personas que viven cerca de ti, puedes traer mucha esperanza y alegría a los vecinos que han pasado por momentos muy difíciles.

¿Cuáles son algunas de las maneras divertidas en las que puedes amar a tus vecinos? ¿Por qué no comienzas un desfile donde vives? Si frente a tu casa no hay una calle, organiza el desfile en los pasillos de tu edificio de apartamentos o en un parque cercano. Déjale saber a todo el mundo que solo hay una regla: ¡nadie puede mirar y todo el mundo tiene que estar en el!

# 19
# EL BUEN DOCTOR

A mis hijos no les gustaba ir al doctor cuando estaban creciendo. Por lo general, un viaje a la oficina del doctor incluía que te pusieran una vacuna o tomarte una medicina con mal sabor. Sin embargo, su actitud cambió cuando se hicieron amigos de un doctor y su esposa que vivían en nuestra misma calle.

El doctor pasaba sus días ayudando a personas que se habían lastimado practicando algún deporte. Tener un amigo con estas destrezas ayudó a nuestra familia, porque parecía que cada dos días los chicos se lastimaban mientras estaban jugando. Cuando les ocurría, nuestro amigo era siempre la primera persona a la que llamábamos para que nos ayudara. Él tomaba su maletín de piel, un estetoscopio, algunas vendas y caminaba hasta nuestra casa. Cuando el doctor entraba por la puerta, toda la familia sabía que todo mejoraría.

Una noche, estábamos cenando y Adam tomó un panecillo. No estaba prestando atención y mientras cortaba el panecillo con un cuchillo, ¡terminó cortándose un dedo! Era una cortadura profunda, y mi dulce María y yo pensamos que tal vez tendríamos que llevarlo al hospital para que le cogieran puntos. Llamamos a nuestro amigo para pedirle su opinión y nos dijo: «Esperen un segundo. Voy para allá enseguida».

El doctor puso algunas cosas en su maletín de piel y, tres puertas más abajo, llegó a nuestra casa. En dos minutos, tocó a nuestra puerta. Haló una silla vacía del comedor, sacó una aguja y algo de hilo, y rápidamente cosió el dedo de Adam, mientras conversaba con el resto de la familia. Menos de diez minutos después de su herida, Adam ya estaba remendado y otra vez nos estábamos riendo alrededor de la mesa. ¿Puedes creerlo?

Quedé tan impresionado con la destreza del doctor para arreglar la cortadura en la mano de Adam que le pedí que me enseñara a coser mis propios puntos de sutura. Él tomó un par de cáscaras de naranja y me enseñó cómo coser las dos partes juntas. Quedé fascinado y cosí todas las naranjas que había en la casa. Cada vez, les mostraba a los chicos lo bueno que era cosiendo. Lo gracioso es que, después que aprendí a coger puntos, ya nadie más se cortó en la familia. Supongo que nadie querría verse como aquellas cáscaras de naranja.

Una de las razones por las que nuestro amigo

doctor era tan especial para nuestra familia es que siempre estaba disponible para nosotros cuando necesitábamos ayuda. No parecía molestarse ni enfadarse cuando nos lastimábamos y lo necesitábamos. Por el contrario, simplemente caminaba hasta nosotros para ofrecer lo que necesitábamos más. Jesús hace lo mismo. Él siempre está cerca y le da gusto cuando le pedimos que nos ayude con nuestras heridas más profundas.

La Biblia dice que Jesús es como un doctor. Mucha gente quería pasar tiempo con Jesús, incluyendo las personas más importantes y populares. Sin embargo, Jesús no pasó mucho tiempo con ellas. Él generalmente se juntaba con personas enfermas o que habían cometido errores. Jesús les dijo a sus amigos: «Yo no vine para pasar tiempo con personas que están saludables. ¡Vine para estar con las personas enfermas!».

Si te has cortado o magullado, o si han herido tus sentimientos, Jesús es como un doctor que vive en tu calle... Él está cerca cuando lo necesitas. Simplemente di su nombre y vendrá a ayudarte, se sentará a tu mesa y te sanará en maneras que solo Él puede hacerlo.

# 20

# LA CIUDAD

En nuestro patio hay una hilera de árboles que va desde la esquina de nuestra casa hasta el borde de la propiedad. Nunca averigüé qué tipo de árboles eran, pero los chicos siempre los llamaban «árboles de papel», porque la corteza parecía papel y se desprendía en hojas. Con papel de corteza, los chicos hicieron unos títulos de propiedad que parecían «oficiales», y cada uno asumió la titularidad de su propio árbol. Con el tiempo, dibujaron los planos para una ciudad en nuestro patio. Había una cárcel, un hospital y una oficina de correos. Tenía de todo.

Los muchachos transformaron los árboles de papel en elaboradas casas en los árboles. Para cualquier otra persona, la construcción habría parecido un lío de madera rota, pedazos de cartón y clavos, pero para los muchachos, aquellos árboles eran prácticamente castillos. Algunos de los árboles se convirtieron en casas; otros, en tiendas. La cárcel de la ciudad (que se parecía mucho a nuestro gallinero) estaba al lado de la plaza pública, donde se hacían los anuncios importantes. Siempre que sus amigos y amigas del vecindario venían a jugar, Lindsey, Richard y Adam les daban su propio árbol para que vivieran. La ciudad de los chicos era un lugar donde todo el mundo era bienvenido.

Los chicos pasaban horas creando su ciudad y establecieron sus propias reglas. Como ella era la mayor, Lindsey se autoproclamó alcaldesa y artista residente. Richard se autonombró alguacil y prometió que sería duro con el crimen. Esto dejó a Adam con el papel de ser el único residente regular de la ciudad. Richard no tenía mucho que hacer, así que arrestaba a Adam una o dos veces al día y lo metía en el gallinero cárcel.

Descubrí mucho sobre mis hijos mientras los veía jugar. Si alguien en su ciudad se quedaba sin dinero, ellos simplemente tomaban algo de papel de corteza y hacían más. Nuevas leyes eran creadas —y cambiadas, si era necesario— para que las necesidades de cada persona fueran satisfechas. Todo el mundo tenía una casa, comida y el apoyo de su comunidad. Los muchachos hasta crearon un periódico de la ciudad y publicaban lo que ellos creían que eran las noticias importantes en el mundo. Titulares como «Richard pasa su prueba de ortografía» y «Adam aprende a montar su bicicleta» eran comunes. Ellos celebraban a todo el mundo en la ciudad.

Cuando Jesús estaba con sus discípulos, les hablaba sobre la construcción de un nuevo tipo de ciudad aquí en la tierra. No sería como las que se construyen en árboles o en gallineros; sino que sería un reino construido dentro de nuestros corazones. Jesús dijo que Dios estaba creando una nueva forma de vivir, y una de las reglas en su ciudad era que las necesidades de todo el mundo tenían que satisfacerse. Él no necesitaba alguaciles ni alcaldes, pero sí quería a personas que se ayudaran entre sí.

El reino de Dios se parece mucho a la ciudad de los chicos: un lugar donde no aplican las viejas reglas, donde siempre hay suficiente para todos y donde todo el mundo tiene un hogar. Como amigos y amigas de Jesús, tenemos la oportunidad de ser miembros de su reino aquí en la tierra y también podemos vivir bajo nuevas reglas. Dios nos ha dado a cada uno de nosotros un árbol en el reino. ¿En qué convertirás el tuyo?

# 21

# EQUIPAJE LIGERO

**M**i dulce María sabía que nuestros hijos estaban tramando algo. Los chicos la llamaron a la sala para hacer un anuncio.

«Mamá», comenzó Richard con una voz emocionada y segura, «hemos decidido que nos vamos de la casa. ¡Vamos a emprender una aventura juntos!».

Irse de la casa es un aspecto muy serio cuando creces, pero por lo general ocurre después de que los chicos tienen la edad suficiente para manejar solos a la tienda a fin de comprar sus propias meriendas. En aquel momento, los chicos tenían siete, cinco y tres años... ¡demasiado jóvenes para irse de la casa! Sin embargo, juntos como hermanos, nuestros chicos decidieron que estaban listos para enfrentar el mundo. Existía siempre la posibilidad de que se los comiera un oso o un tigre, pero a los chicos no les asustaba eso.

Con la misma sinceridad y entusiasmo, mi dulce María respondió: «¿Puedo ayudarles a empacar?». Mi dulce María entendió de inmediato que este era uno de esos momentos importantes de capricho y aventura de la niñez.

Richard saqueó de la alacena todos los dulces de frutas en forma de dinosaurios. Lindsey rebuscó el lado del clóset de mi dulce María buscando bufandas, y Adam se sentó en

el piso del baño y rebuscó todas las gavetas hasta encontrar algunos vendajes elásticos.

Los chicos salieron por la puerta trasera, equipados con algunas provisiones y muchísimo entusiasmo. Llevaban palos sobre sus hombros, con bultos amarrados en ellos y cargados con dulces de frutas y vendajes elásticos.

La gran aventura de los chicos Goff comenzó en la esquina delantera del patio. Su ruta los llevó por el lado del patio, hasta la pared trasera, alrededor del garaje y hasta la esquina delantera del patio. En algún punto de la ruta, posiblemente cerca del garaje, los víveres desaparecieron completamente. Richard y Adam lucían algo culpables con sus mejillas llenas.

«No hay problema», dijo Lindsey, «¡podemos vivir de la tierra!». Ninguno de los chicos realmente entendía lo que quería decir «vivir de la tierra», pero imaginaban que tenía algo que ver con tartas de lodo. Sabían que tendrían suficiente, no porque habían empacado mucho para su viaje, sino porque se tenían el uno al otro.

Cuando llegó la hora de la cena, los chicos decidieron que ya habían vivido en el camino el tiempo suficiente y entraron a la casa. Pasaron un día maravilloso y no podían esperar para hablar de su experiencia con mi dulce María y conmigo.

Con frecuencia, Jesús les recordó a sus amigos que no se preocuparan por cosas como la ropa o la comida cuando salían en sus aventuras, porque tenían a un Padre en el cielo que se ocuparía de esos detalles. Lo que aprendí de la corta vida en el camino (bueno, en nuestro patio) de Lindsey, Richard y Adam fue que ellos tampoco necesitaban esas cosas. En cambio, necesitaban cosas como el valor, la bondad y la curiosidad. A los chicos no les asustaba irse de la casa, porque se tenían el uno al otro. A nosotros tampoco debe asustarnos salir a tener aventuras. Confía en Dios, ve con las personas que amas y ve adonde Jesús te dirija.

# EL JEEP

Siempre he pensado que los Jeeps son los autos más fabulosos jamás creados. Son resistentes y divertidos, y me gustan especialmente los que no tienen capota. Tuve un Jeep color rojo brillante que terminó ayudándome a aprender una lección muy importante.

Hace unos años, estaba manejando de la iglesia a la casa. De la nada, apareció otro auto desde un lado de la carretera y se estrelló contra mi Jeep, por el lado del conductor. Antes de darme cuenta de lo que había ocurrido, mi auto se volcó y salí volando por la capota. Sabía que debía usar mi cinturón de seguridad, pero en esta ocasión, se me había olvidado. Fue un error realmente serio.

Caí sentado sobre el asfalto, de frente a mi auto chocado. Había pedazos del Jeep por todos lados... en la calle, en la grama y hasta en una valla cercana. ¡Era todo un desastre! Me chequeé para ver si no me faltaba nada.

¿Tengo mis dos brazos y mis dos piernas? Perfecto.

¿Dedos en las manos y en los pies? Perfecto.

Lentamente, me paré y me di cuenta de que me sentía muy bien. Caminé hacia el auto que acababa de chocarme. La aturdida conductora estaba sentada detrás del volante, apretándolo con todas sus fuerzas, mirando hacia delante. Sus nudillos estaban blancos.

Asomé mi cabeza en su ventanilla. «¡Hola! Me llamo Bob. ¿Cómo se llama usted?».

La conductora tenía por lo menos noventa años, era de baja estatura, frágil y estaba asustada. Le tomó un momento responder. «Me lla... llamo Lynn», tartamudeó.

«Lynn, ¿está bien?», le pregunté.

«Cr... creo que sí», me dijo. De repente, sus ojos se llenaron de lágrimas. «Lo siento mucho... ¡¿sabes que te saliste por la capota?!».

«Ah, Lynn», le dije, combinando su tono serio con una sonrisa en mi voz. «No voy a mentirle. Fue una gran sorpresa, pero afortunadamente estoy bien. Así que, de verdad, no se preocupe. ¡Todo está bien!».

Lynn se sentía terrible, pero por supuesto, la perdoné en el momento. En realidad, había sido un auto extraordinario.

Pocos días después, recibí una llamada telefónica. Era Lynn. «*Lo siento* muchísimo, Bob», me dijo con voz llorosa.

«Ay, Lynn», le dije, «de verdad, no se preocupe. La he perdonado completamente. ¡Estoy bien! Ni siquiera tengo un moretón. No tiene que llamarme otra vez».

Lo gracioso es que *no* paró de llamar. Durante los días siguientes, recibí llamadas diarias de Lynn. Cada vez, me pedía perdón y yo le recordaba que todo estaba bien. Por alguna razón, simplemente no me creía cuando le decía que la había perdonado.

Jesús habló muchas veces sobre perdonar a los demás. ¿Sabes cuántas veces Jesús quiere que perdones a alguien que te ha hecho algún mal? Piensa en el número más grande que puedas imaginar y añádele un par de ceros al final, y entonces quizás estés cerca del número de veces que necesitas perdonar a alguien. Jesús quiere que *siempre* perdones a otros.

Sin embargo, tal vez entiendas cómo se siente ser Lynn, y te sientas muy mal por haber cometido un error. Quizás no le creas a la gente cuando te dice que te han perdonado. A veces necesitamos *ver* que nos han perdonado, en vez de solo escuchar las palabras.

Así que ideé un plan. Al quinto día que Lynn me llamó para pedirme perdón, llamé a una florista y pedí un enorme ramo de flores. Incluí una tarjeta que decía: «Querida Lynn, fue un placer tropezarme con usted el otro día. ¡Ya no tiene que llamarme más! Con cariño, Bob».

El amor y el perdón tienen mucho más peso cuando *hacemos* algo, en vez de solo decir algo. Por eso era tan importante que Jesús viniera. Dios no solo nos *dijo* que éramos perdonados; Él envió a Jesús para que estuviera con nosotros y nos *demostrara* que somos perdonados.

He visto a Lynn varias veces desde el accidente. Tomó algo de tiempo, pero pienso que ella realmente cree que ha sido perdonada. Pienso que Dios espera que también nos sintamos así.

# NOCHE DE LA ESTRELLA

Jesús dijo muchas cosas que realmente no tienen sentido la primera vez que las escuchamos. Suenan como si estuvieran de cabeza y al revés. Él dijo cosas como: «En mi reino, la gente humilde que se para al final de la línea terminará al frente en la línea».

También dijo: «Si quieres ser grande, entonces tienes que servir a las personas que están a tu alrededor».

Siempre se me hizo difícil entender cómo las reglas de Jesús podían ser tan distintas a la manera en que todo el mundo funciona.

Alguien me dijo una vez que realmente no aprendes algo hasta que se lo enseñas a otras personas. Cuando me convertí en profesor universitario, descubrí lo que Jesús quiso decir cuando hablaba de su reino invertido, porque les enseñé algunas de esas mismas ideas a mis estudiantes.

Sin embargo, antes de contarte sobre los estudiantes universitarios, tengo que contarte sobre una tradición que tenemos en nuestra familia. Cuando los chicos estaban creciendo, mi dulce María y yo inventamos un juego que llamamos la «Noche de la estrella» y lo jugábamos durante la cena. La Noche de la estrella realmente comenzó como una forma de hacer que

nuestros hijos se comieran sus vegetales, ¡pero no se lo digan! En la Noche de la estrella, mi dulce María servía la cena en platos de papel. Antes de servir la cena de los chicos, ella dibujaba una estrella debajo de uno de los platos. Cuando los chicos terminaban de comerse todo lo que tenían en el plato (¡incluyendo sus vegetales!), podían mirar debajo de su plato para ver si tenían la estrella. Quienquiera que tuviera la estrella podía escoger el postre para toda la familia.

A los chicos les encantaba la Noche de la estrella, y a mi dulce María y a mí también, porque hacía que algo tan usual como comer brócoli fuera mucho más divertido.

Cuando comencé a enseñar en la universidad, decidí compartir la tradición de la Noche de la estrella con mis estudiantes y creé el «Examen de la estrella». Antes de cada examen, dibujaba una estrella al dorso de uno de los papeles. Quienquiera que encontrara la estrella al dorso de su examen, podía preguntarme la respuesta para una de las preguntas de la prueba y yo escribía la respuesta en la pizarra para que todo el mundo la viera. Mis exámenes tienen muchas preguntas, y son realmente difíciles, así que a los estudiantes les gustaba saber que al menos tendrían correcta una de las preguntas difíciles.

A los estudiantes les encantaba el Examen de la estrella, y a mí también, porque hacía que algo tan usual como tomar un examen fuera mucho más divertido.

No obstante, lo que los estudiantes no sabían era que quería enseñarles algo mucho más importante que las respuestas a las preguntas de un examen. Por eso les daba una opción a los estudiantes: si encontraban una estrella al dorso de su examen podían preguntarme la respuesta para cualquier pregunta, como ya te dije, o podían regalar su estrella y dejar que otra persona escogiera la pregunta. Lo que los estudiantes no sabían era que, si le regalaban la estrella a otra persona, él o ella no solo recibiría una respuesta correcta; le daría al estudiante puntuación perfecta en *todo el examen*.

Una de las otras cosas que Jesús enseñó que sonaban al revés es que podemos encontrar nuestras vidas si las entregamos para seguirlo a Él. Seguir a Jesús y sus enseñanzas es algo así como renunciar a la respuesta de la estrella y luego descubrir que recibiste una puntuación perfecta en todo el examen. Si renunciamos a nuestros pequeños sueños para nuestras vidas, recibimos a cambio los grandes sueños y planes de Jesús... y eso es mucho, mucho mejor.

Durante diez años, repartí mis exámenes y dejé

que los estudiantes con la estrella me pidieran la respuesta para una pregunta o le pasaran la estrella a otra persona. Durante esos diez años, cada estudiante con la estrella escogió quedarse con ella y hacerme una pregunta. No me molestaba que decidieran usar la estrella para ellos mismos, pero todas las veces deseé secretamente que renunciaran a ella.

Un día, después que repartí los exámenes, una muchacha con la estrella en su examen levantó la mano. Como siempre, le pregunté si quería recibir la respuesta para una de sus preguntas o regalar su estrella. La muchacha guardó silencio por un momento y luego dijo: «¿Sabe qué? Creo que voy a regalarla».

Casi no podía ocultar mi emoción mientras esperaba para darle la noticia a la estudiante: ¡recibiría una puntuación perfecta en el examen! Mientras los estudiantes terminaban sus exámenes, abrí mi computadora para mirar las notas de la muchacha. Resulta que no le iba muy bien en mi clase. Las notas de sus otros exámenes no eran muy buenas. Ella era la estudiante que probablemente más necesitaba una respuesta gratuita, pero aun así regaló la estrella para ayudar a otra persona. Entendí que esto era precisamente de lo que Jesús estaba hablando.

Al poner las necesidades de otro estudiante por encima de las suyas, la muchacha modeló el tipo de reino invertido del que Jesús hablaba. Fue solo más tarde que descubrió que la única forma de tenerlo todo era regalando lo que ella tenía.

# 24

# ACADEMIA DE LA RESTAURACIÓN

Algunos de los mejores líderes y maestros que conozco tienen más o menos tu edad, y viven en un pueblo en el norte de Uganda llamado Gulu.

Uganda, un país de África, tuvo una guerra civil que duró muchos años. Una guerra civil es cuando las personas de un mismo país pelean entre sí. La gente en el norte del país estaba enojada con las personas en el sur de país, y Gulu era un pequeño pueblito que quedó atrapado en el medio. Tristemente, muchos niños en Gulu fueron afectados y lastimados por esta guerra.

La guerra ya terminó, pero muchos niños no pudieron ir a la escuela durante esos años de lucha. Necesitaban ayuda para ponerse al día en la escuela, pero no podían pagar los gastos de la matrícula. Cuando supe de esto, tuve una idea: ¿Qué mejor manera de ayudar para que un país se recupere de una guerra que comenzando una escuela?

Decidimos que esta no sería una escuela común y corriente; sería una escuela de *liderazgo*. Los niños y las niñas que fueran a esta escuela aprenderían de Jesús y cómo liderar de la manera invertida que Él enseñó. Jesús dijo que los verdaderos líderes aman a sus enemigos, sirven a los pobres y tratan a los

demás de la forma en que les gustaría que los trataran a ellos. El tipo de liderazgo que Jesús enseñó es difícil, pero puede cambiar todo. Decidimos llamarle a la escuela «Academia de la restauración», porque la palabra *restauración* significa arreglar las cosas que están rotas.

Cuando las cosas no van bien en el mundo, a Dios le interesa arreglarlas. Hacer lo correcto y lo justo se llama *justicia*. Justicia quiere decir cuidar de aquellos que han sido lastimados y ser parte de su sanidad. Sin embargo, el asunto con la justicia es que no puede ocurrir sin amor.

Lo que he aprendido de los niños en la Academia de la restauración es que, aunque han pasado por situaciones muy difíciles, ellos saben mucho sobre el amor. Muchos de estos niños ya no tienen familia a causa de la guerra, así que los colocamos en sus propios grupos familiares. Los chicos y las chicas se conocen en estos grupos y se cuidan mutuamente. Se escuchan y se apoyan los unos a los otros, y se han convertido en sus familias. A través del amor hacia cada uno, estos chicos están arreglando las cosas que estuvieron mal en su país. Están viviendo vidas de justicia.

Es fácil pensar que traer justicia al mundo es algo que solo pueden hacer los adultos, y la verdad es que muchos adultos están trabajando muy duro para amar a otros y arreglar las cosas en el mundo. Sin embargo, lo que quiero que sepas es que *cada vez* que perdonas a alguien que te ha lastimado, o te esfuerzas para servir a alguien que necesita ayuda, o defiendes a alguien que otros molestan, o compartes lo que tienes con alguien que tiene menos que tú, estás ayudando a sanar al mundo. Los niños y las niñas como tú, y los estudiantes de la Academia de restauración, están demostrando lo que es el amor y están trayendo justicia al mundo.

## 25

# LIBERTAD PARA LOS ESCLAVOS

A lo largo de su vida, Jesús hizo cosas maravillosas. Hizo milagros y sanó a muchas personas. Caminó sobre el agua una vez y también alimentó a cinco mil personas. ¡Y ni siquiera quedaron platos para fregar después! ¿Puedes creerlo?

Pero, ¿sabes cómo Jesús usó la mayor parte de su tiempo? Pasaba sus días enseñándole a la gente cómo agradar a Dios. Jesús enseñaba tantas lecciones que la gente comenzó a llamarlo «Maestro».

Cada vez que Jesús viajaba a una nueva ciudad, la gente llegaba corriendo para ver al Maestro de Nazaret del que tanto habían escuchado. Cuando Jesús veía a las multitudes, la Biblia dice que sentía *compasión* por ellos. La gente estaba curiosa o emocionada o nerviosa o asustada, y Jesús los reunía y les explicaba sobre el nuevo tipo de vida que Dios había planeado para ellos. De lo que trataba este nuevo tipo de vida era de dar a los demás, de ser humildes y de ser agradables con las personas que no se portan bien contigo... cosas que son difíciles para la mayoría de nosotros.

Durante estas conversaciones, algunas personas le hacían preguntas a Jesús solo para ver si podían confundirlo. Querían

meterlo en problemas. Algunos de estos timadores eran abogados.

Un abogado es alguien que ayuda a otras personas a entender lo que quieren decir las leyes y a cumplir esas leyes. Esto no es malo. De hecho, es algo muy bueno cuando se hace bien. Pero cuando se usan las cosas buenas de la forma incorrecta, ya no son buenas. Jesús les dijo a los abogados en la multitud: «¡Escuchen! Ustedes que enseñan sobre las leyes están más preocupados por las leyes que por las *personas* a las que se supone que las leyes guíen y protejan. Si quieren seguirme, eso tiene que parar».

Estas palabras que Jesús les dijo a los abogados siempre me han calado hondo porque, sabes, *soy abogado*. Ayudo a la gente a entender las leyes y cómo hacer que se cumplan. No me avergüenza ser un abogado. ¡Me encanta serlo! Pero entendí que, si quiero ser abogado y también quiero seguir a Jesús, entonces necesito ser el tipo de abogado que realmente ayuda a la gente.

También descubrí que hay muchos abogados que aman a Jesús y que están tratando que ayudar a las personas de la manera en la que Él dijo que debíamos hacerlo. Me reuní con algunos de esos abogados y viajamos a otros países para trabajar con jueces, policías y líderes del gobierno a fin de ayudarlos a capturar a la gente mala que estaba tratando de lastimar a otros. Esto cambió para siempre la manera en que hacía mi trabajo.

Recuerdo una noche oscura y calurosa, en una aldea en un campo en India. Nos estábamos escondiendo en el techo de un viejo edificio y lo único que nos alumbraba eran unas pequeñas velas parpadeantes. Algunas personas en esta aldea estaban siendo usadas como esclavos, lo que significa que otros individuos habían violado la ley y los estaban obligando a trabajar sin pagarles por su trabajo. Planeamos una reunión secreta con los esclavos en aquel techo, y una a una la gente comenzó a llegar. Los otros abogados y yo recopilamos sus historias, tomamos sus huellas digitales y fotos, como evidencia para la policía.

Aquellas pocas horas que pasamos recopilando las historias le dio a la policía la información necesaria para arrestar a las personas que estaban manteniendo a nuestros nuevos amigos como esclavos. Los dueños de los esclavos terminaron en la cárcel. Nuestros amigos fueron liberados.

Aquel día vi cómo ser abogado realmente podía ayudar a las personas en necesidad urgente. Esto arruinó mi carrera como abogado en la mejor manera posible. Regresé a casa de aquel viaje e inmediatamente renuncié a mi posición en el importante bufete de abogados donde estaba trabajando. Comencé un nuevo bufete de abogados con un amigo a quien le importaba la justicia igual que a mí. Seguimos haciendo los trabajos normales de un «abogado», pero a la misma vez, comenzamos a trabajar con personas en otros países que habían sido capturadas como esclavos, a las que les habían robado su propiedad o a las que habían encarcelado injustamente.

Seguir a Jesús no es fácil; nos cuesta algo. Pero no quiere decir que le costará lo mismo a todo el mundo. En mi caso, seguir a Jesús me costó un trabajo como un abogado normal. Quizás seguir a Jesús te costará algo distinto de lo que le cueste a uno de tus amigos. No te preocupes por eso. Descubre quién quiere Dios que seas y luego has lo que sea necesario para llegar a ser esa persona.

No he sido un abogado normal desde aquel primer viaje a India, y ha resultado fantástico. Tuve que desistir de ser normal. Quizás tengas que hacerlo tú también. Cuando seguimos a Jesús, ya no nos conformamos con ser normales ni típicos. En cambio, tenemos la oportunidad de repartir enormes cantidades de amor con una enorme cantidad de valor, aun cuando signifique hacer nuestros trabajos de una forma un poco distinta de lo que esperaría la mayoría de la gente.

# 26

# SOBRE LA ROCA

Como dije antes, nuestra familia construyó una cabaña en Canadá, cerca de un campamento Young Life. Es un lugar hermoso, con montañas altísimas, enormes ensenadas y rugientes cascadas de heladas aguas glaciares. El problema de construir una cabaña allí es que el terreno es muy escabroso, está cubierto de árboles y es muy difícil llegar a ella.

Primero, hicimos un dibujo de cómo queríamos que quedara la casa, pero después teníamos que crear un espacio grande y liso donde se pudiera construir la cabaña. Quizás te preguntes cómo creamos un espacio liso en una montaña empinada cubierta con tierra suelta y rocas enormes. ¿Sabes cómo? ¡Tuvimos que usar dinamita para hacer volar la tierra y las rocas!

Siempre pensé que la dinamita funcionaría como lo ves en las películas: una llama corriendo por un cordón pegado a la dinamita... ¡y luego una explosión estruendosa! Sin embargo, no siempre funciona así. A veces, después de encender la mecha y que todo el mundo se esconde detrás de alguna piedra, la llama simplemente se apaga. Cuando nos ocurrió esto, nos miramos unos a otros, preguntándonos quién iría a chequear si la llama se había apagado a cien pies de la dinamita o solo a dos pulgadas.

A la larga, alguien se armó de valor y caminó en puntitas hasta la mecha, la volvió a encender y regresó corriendo para esconderse. Después de la explosión, cuando el polvo se asentó, ¿sabes lo que encontramos debajo de la tierra, el musgo y las piedras sueltas? Roca sólida.

Sobre esa roca era donde queríamos construir nuestra cabaña.

Jesús era carpintero, así que cuando hablaba sobre la construcción de casas, la gente lo escuchaba. Una vez, Jesús contó la historia de dos hombres que construyeron sus casas. Uno de los hombres construyó su casa sobre arena, pero cuando vino el viento y la lluvia, la casa se fue, porque no tenía un cimiento sólido debajo de ella. Sin embargo, el otro hombre construyó su casa sobre roca sólida y cuando llegaron el viento y la lluvia, la casa se mantuvo en su sitio.

Jesús contó historias como esta para enseñarnos lecciones más importantes sobre cómo Dios quiere que vivamos.

Dios quiere que construyamos todo en nuestras vidas sobre una roca sólida. No todo lo que construiremos serán casa para vivir en ellas. De hecho, la mayoría ni siquiera serán edificios. Construiremos familias, amistades y comunidades, y un cimiento sólido para esto serán todas las cosas sobre las que Jesús nos enseñó; cosas como el amor, el perdón y la gracia. A veces se necesita una pequeña explosión en nuestras vidas para llegar hasta el material donde podemos construir. Necesitaremos eliminar cosas como el orgullo y la impaciencia. Eso sí, no necesitarás dinamita para hacer esto. Tal vez solo necesites la ayuda de un amigo.

Estoy seguro de que tú también tienes sueños y planes para las cosas que te gustaría construir. La lección que aprendí de Jesús es que todo lo que edifiquemos solo será tan bueno como los cimientos debajo de ello. Cuando tu vida gira alrededor de las cosas que son más importantes —amar a Dios y amar a otros— tendrás un cimiento sólido para construir todo lo demás en tu vida.

# AGUA VIVA

¿**R**ecuerdas la cabaña en Canadá de la que te hablé? Nuestra familia la llama el «Lodge». Una de las cosas que más me gusta sobre el Lodge es que ha sido un refugio donde la gente resuelve sus problemas. Jesús nos dio algunas ideas muy buenas sobre cómo podíamos resolver nuestros problemas. Nos dijo que, si tenemos algún problema con alguien, tenemos que ir directamente donde esa persona y hablar sobre el asunto para poder ser amigos otra vez. A veces, hablar sobre un problema puede ser difícil y tal vez tengamos que pedirle a otra persona que nos ayude. Jesús dijo que eso también estaba bien. Un aspecto importante de amar a otros es darles la oportunidad de hacer lo correcto cuando han cometido un error. Si has cometido un error y necesitas que alguien te ayude a hablar de ello, eso es algo para lo que los padres y los maestros son *realmente* buenos. Cuando Jesús no sabía qué hacer, le pedía ayuda a su Padre. Nosotros podemos hacer lo mismo.

Cuando nuestra familia se hizo amiga de diferentes líderes mundiales, descubrimos que algunos de los países no se estaban llevando muy bien. Habían tenido guerras entre ellos, la gente había dicho cosas poco amables y por eso a los líderes se les estaba haciendo difícil hablarse otra vez. Acabábamos de construir el Lodge, así que pensamos: *¿Qué otro lugar podría ser mejor para reunir a personas a las que les está costando trabajo hablarse? Quizás podríamos ayudarlas a ser amigos.*

Para la primera reunión, invitamos a gente de cinco países diferentes que estaban *muy* enojadas entre sí. Nos les dijimos de antemano quiénes serían los otros invitados. ¡Pensamos que no vendrían si lo supieran! Cuando todos llegaron, fue un poco incómodo. Nuestros nuevos amigos estaban sorprendidos. «¿Quieres que *yo* pase tiempo con *ellos*?», expresó cada uno, mientras señalaban a alguien en la sala con quien no se llevaban bien. «El país de esa persona está en *guerra* con mi país! ¡No podemos ser *amigos*!».

Poco después de haber llegado al Lodge, nuestros nuevos amigos estaban alzando la voz y comenzaron a decirse cosas desagradables entre ellos. Todo estaba empeorando rápidamente y podía ver que nuestros nuevos amigos necesitaban ayuda para resolver sus problemas.

«Amigos», dije, mientras intervenía en una discusión. «En nuestra casa, tenemos una regla: todo el que pelea tiene que saltar conmigo al agua desde el acantilado que está detrás del Lodge. ¡Vamos!».

Hubo un breve momento de silencio absoluto, pero se dieron cuenta de que estaba hablando en serio. Uno a uno, todos nuestros invitados saltaron al agua helada con toda su ropa puesta. Algo maravilloso ocurrió mientras nos sumergíamos en el agua salada del océano. Todos se olvidaron de las peleas y nuestros nuevos amigos comenzaron a animarse unos a otros para saltar otra vez. Se reían hasta que les dolía el estómago. La gente subía el acantilado para saltar otra vez. Algunos saltaron juntos, tomados de mano, para ayudarse unos a otros a vencer el miedo a las alturas. Este momento compartido de valentía, impulsividad y aventura puso el conflicto donde debía estar: en el fondo del mar. El agua disolvió el coraje que los líderes se tenían mutuamente. Aquella noche, después de una tarde saltando desde el acantilado, estos nuevos amigos, que habían estado enojados apenas unas horas antes, se sentaron en un círculo, compartieron historias y hablaron sobre sus esperanzas para el futuro de sus países.

No me sorprende que Jesús haya hablado tanto sobre el agua. Su primer milagro fue transformar agua común y corriente en vino. Él caminó sobre el agua, fue bautizado en ella y la calmó cuando las olas crecieron demasiado. Incluso se comparó con el agua y dijo que la vida que Él había venido a traer era tan buena para nosotros que sería como tomarse un vaso de agua y nunca más sentir sed.

Creo que podemos hacer mucho más con el agua de lo que pensamos. Tal vez no podamos caminar sobre ella, pero la próxima vez que tengas un problema con alguien y no encuentres la manera de resolverlo, ¡quizás deberían simplemente saltar juntos al agua! No necesitas saltar desde un acantilado (y, a decir verdad, solo debes hacerlo con el permiso de un adulto), pero quizás podrías pensar en hacer otra cosa para ayudar a unir a la gente.

# LA BIBLIA EN ACCIÓN

Una de mis películas favoritas de todos los tiempos es *Hook* [El capitán Garfio]. ¿La has visto? Es la historia de Peter Pan, pero a diferencia de la versión en dibujos animados, aquí aparecen actores reales interpretando los personajes. En esta versión de la historia, Peter ya es adulto y es un abogado aburrido llamado Peter Banning. Cuando el capitán Garfio, el pirata, secuestra a sus hijos, Peter Banning tiene que regresar a la Tierra de Nunca Jamás para rescatarlos. El problema al principio de la película es que Peter había olvidado quién era él. Olvidó que era Peter Pan. A veces, a todos se nos olvida quiénes somos.

Toda la película es fantástica, pero mi escena favorita es cuando Peter Banning está cenando con los Niños perdidos la primera noche que regresa a la Tierra de Nunca Jamás. Él se sienta a la mesa, huele la comida deliciosa y está listo para empezar a comer. Cuando los Niños perdidos destapan los platos, Peter se siente confundido: ¡los platos están vacíos! Cuando mira a su alrededor, los Niños perdidos están masticando una comida aparentemente invisible y él no entiende por qué no puede ver la comida.

El problema era este: Peter solo estaba mirando a los Niños perdidos comer. Peter necesitaba *participar* para poder ver la

comida. Para poder *creer* como los Niños perdidos, tenía que *hacer lo que ellos hacían.*

Pienso que la fe puede ser igual. Para creer, no podemos solo aprender cosas sobre Jesús. Necesitamos hacer cosas con Él. Necesitamos llegar a la parte de *hacer.* Me he reunido con el mismo grupo de hombres cada viernes por la mañana por más de diez años. Cuando estamos juntos, sin duda aprendemos sobre Jesús, pero no nos reunimos para estudiarlo. Estudiar es bueno, pero sin acción, es como estar sentados a la mesa como Peter Banning y no comer nada. Nuestra fe se hace real cuando hacemos lo que creemos. En lugar de *estudiar* la Biblia, mis amigos y yo nos reunimos todos los viernes por la mañana para *hacer* la Biblia. Leemos sobre lo que Jesús enseñó, y luego salimos y lo ponemos en acción en nuestro diario vivir. Tratamos de hacer las cosas grandes de las que Jesús habló, y también las pequeñas. Cada vez que hacemos las cosas de las que Jesús habló, en vez de solo hablar de ellas, algo cambia en nosotros. Es como si pudiéramos ver la comida en la cena con los Niños perdidos. Jesús ha servido ese tipo de banquete delante de nosotros y desea que todos participemos en él.

Una de las cosas que hacemos al poner la Biblia en acción es pensar en maneras de entender mejor nuestra fe *haciendo* algo. Te voy a dar un ejemplo. Muchas veces, la posición de nuestros cuerpos puede afectar la posición de nuestros corazones y nuestras mentes. Prueba esto: pon tus manos con los puños apretados delante de ti. ¿Crees que podrías enojarte realmente con alguien si tus puños están cerrados? Ahora trata de mantener tus manos abiertas, con las palmas hacia arriba y los dedos estirados delante de ti. Es más difícil enojarse, ¿cierto? Mi experiencia ha sido igual con la fe. Cuando pongo la fe en acción con mi cuerpo, entonces mi corazón y mi mente lo siguen.

No creo que lo único que Jesús desea es que estemos de acuerdo con Él. Creo que desea que tomemos lo que Él les enseñó a sus amigos y lo convirtamos en *acción*. Cuando realmente *hacemos* las cosas que Jesús dijo —dar comida a las personas que tienen hambre, ser generosos con nuestro tiempo y nuestro dinero o tratar bien a la gente que no se porta bien con nosotros— nuestros corazones seguirán a nuestras acciones, ¡y nuestra fe se hará real!

# 29

# LAS VOCES HUMILDES LLEGAN LEJOS

La casa donde vive nuestra familia está justo al lado del agua, y pasa algo gracioso en el agua que la mayoría de la gente no se da cuenta... el sonido viaja muy lejos a través de ella. Si estoy en un barco en la orilla de un lago y tú estás en un barco en la orilla opuesta del lago y comenzamos a gritarnos uno al otro, probablemente te escucharía tan claro como una campana. No sé cuál es la ciencia detrás de esto, pero sí sé que el agua es como el sistema de sonido personal de Dios. De hecho, una vez cuando una gran multitud se acercó para escucharlo hablar, Jesús se subió en un barco y predicó desde el agua. Estoy seguro de que lo hizo para que pudieran escucharlo mejor.

Mi dulce María y yo nos sentábamos en el balcón trasero y escuchábamos conversaciones completas mientras la gente navegaba en sus barcos cerca de nuestra casa. Muchas veces las conversaciones me hacían reír, porque la gente habla de temas graciosos sin darse cuenta de lo lejos y lo alto que sus voces viajan a través del agua. Sin embargo, últimamente, esto me ha hecho pensar: *¿Me pregunto si se supone que nuestras voces realmente viajen lejos y lleguen a las vidas de otras personas?*

Tengo un buen amigo que se llama Scott, y es una de esas personas bondadosas y humildes por la que soltarías todo para poder escucharlo. Conoces al tipo de gente del que estoy hablando: de las que no te hacen sentir mal si cometes un error y que siempre dicen palabras alentadoras que te hacen sentir mejor. Esas voces humildes llegan lejos.

Scott es muy bueno en algo que yo no soy muy bueno: es un patinador sobre hielo extraordinario. Yo tropiezo y me caigo en mis patines de hielo. ¡Él puede dar saltos y vueltas! ¡En *patines de hielo*! De hecho, Scott es tan bueno patinando sobre hielo ¡que fue a las Olimpiadas y ganó una medalla de oro!

Scott tiene muchas cosas buenas, pero un día me contó una historia sobre sus días como patinador que solo hizo que me agradara mucho más. Verás, como atleta olímpico, Scott ha participado en *muchísimas* competencias de patinaje, y en una de ella pasó algo terrible. Scott se estaba deslizando por el hielo en sus patines, saltó y cayó mal. Sé lo que estás pensando... caerse en el hielo no es divertido, porque está duro, mojado y es frío. Cuando Scott se paró, se miró para asegurarse de que tenía sus dos brazos y piernas, y vio que sus pantalones estaban empapados. ¡Parecía como si acabara de tener un «accidente»!

Ahora bien, si hubiera sido yo, probablemente habría parado en ese momento y allí mismo, pero por supuesto Scott no lo hizo. Se levantó —con todo y sus pantalones mojados— y terminó de patinar. Tal vez no haya ganado el primer premio en aquella competencia, pero no permitió que un error le impidiera terminar lo que había salido a hacer. La gente humilde hace eso.

Otra cosa maravillosa sobre Scott es que, a pesar de que tiene un montón de medallas de oro, él no presume de ellas. No las exhibe en un lugar donde todo el mundo puede verlas. Si hablas con Scott, lo primero que te dirá es que ama a sus hijos. Él tiene cuatro hijos, pero su amor por los niños no termina ahí. Scott y su esposa, Tracie, dedican su tiempo a cuidar de familias y niños en un país llamado Haití. Para Scott y Tracie, los niños tienen más valor que todas las medallas de oro en el mundo.

Scott y Tracie son personas humildes con voces que llegan lejos en este mundo, y alcanzan las vidas de la gente que ellos aman. Ambos usan sus voces y sus vidas para hacer del mundo un lugar mejor. ¿De qué maneras tú también puedes usar tus palabras para hacer que el mundo sea un lugar mejor? Cuando lo hagas, te prometo esto: tu humilde voz llegará lejos.

# 30

# JUEGO DE SOFTBALL

**H**ace poco escuché una historia sobre un juego de softball donde todo salió horriblemente mal, y al mismo tiempo, lo que era importante salió muy bien. Permíteme explicarte lo que ocurrió.

La bateadora se paró en el plato y entrecerró los ojos contra el resplandor del sol en el atardecer. La lanzadora tiró la bola, la bateadora movió el bate con fuerza y se oyó un fuerte ¡pum! La bola voló sobre la cerca del jardín central. ¡Era un cuadrangular! La bateadora comenzó a correr lo más rápido posible hacia la primera base. Estaba muy contenta, porque acababa de batear un cuadrangular.

Sin embargo, cuando la bateadora llegó a la primera base ocurrió algo terrible. Tan pronto tocó la base, algo se salió de sitio en su pierna y cayó al suelo con mucho dolor. Trató de pararse, para correr hacia la próxima base, pero se cayó otra vez. No podía correr por sí misma y si no corría todas las bases, su equipo perdería el juego. Una de las reglas en el softball es que la corredora tiene que tocar todas las bases antes de llegar al plato, o el cuadrangular no cuenta. Otra regla es que las compañeras de equipo de la corredora no pueden ayudarla a correr las bases. Si sus compañeras de equipo la ayudaban, el equipo recibiría un *out* automático y perdería el juego.

La jugadora se quedó en el suelo, y unas tibias lágrimas de desilusión comenzaron a llenar sus ojos. Ella sabía que no

podría correr sola todas las bases y tenía un dolor terrible. Sin embargo, cuando alzó su vista ocurrió algo extraordinario. Dos jugadoras *del otro equipo* estaban caminando hacia ella. Sin decir nada, las jugadoras la tomaron suavemente por sus brazos y los apoyaron sobre sus hombros. El público en las gradas permaneció en absoluto silencio, mientras que las jugadoras del equipo contrario ayudaban a la jugadora lastimada para que tocara todas las bases.

Un poco antes, te hablé sobre cómo el reino de Jesús y las cosas que Él enseñaba parecían estar al revés. Jesús dijo que tenía todo un juego de reglas nuevas sobre cómo sus amigos debían tratarse entre sí. Me encanta la historia de las jugadoras de softball, porque las chicas del otro equipo decidieron perder el juego para ayudar a alguien que se había lastimado.

Al demostrar su amor, estaban exhibiendo el tipo de amor del que Jesús hablaba. Dejaron a un lado sus sueños y metas por otra persona, porque sabían que solo podemos ganar realmente en las cosas importantes en la vida si estamos dispuestos a perderlo todo.

Jesús habló sobre ganar y perder con sus amigos. En una ocasión, algunos de sus amigos estaban discutiendo sobre quién se sentaría en las sillas que estaban más cerca de Jesús en el cielo. Hoy día parece una tontería, pero en aquel entonces, los discípulos no entendían el reino invertido de Jesús. En los tiempos de Jesús, cada vez que alguien cenaba en la casa de otra persona, la silla que todo el mundo quería era la más cercana al anfitrión de la fiesta. Sentarse en esa silla especial era una manera de decirles a todos los demás en la fiesta: «¡Soy el mejor!». Jesús les dijo a sus amigos que un tipo de persona distinta sería excelente en su reino. Él dijo que las personas que quisieran ser excelentes —las ganadoras— en su reino serían las que ayudaran a otras personas en vez de ayudarse a sí mismas.

Si practicas algún deporte, probablemente usas una camiseta que dice en qué equipo juegas... y en el que no juegas. Todos formamos parte de equipos diferentes. A veces son equipos de deportes, pero también pueden ser grupos de amigos, los vecindarios donde vivimos, y a veces, hasta las iglesias a las que asistimos. Nos sentimos muy bien cuando pertenecemos a un grupo de personas a las que amamos y que nos aman.

Sin embargo, los seguidores de Jesús están dispuestos a olvidarse de las camisetas y aman a la gente fuera de sus propias comunidades, porque en el reino de Jesús, todo el mundo forma parte del mismo equipo. Igual que las jugadoras de softball, tenemos la oportunidad de pasar nuestras vidas ayudando a la gente que ha sido lastimada para que corran todas las bases.

# 31

# DISNEYLANDIA

No es un secreto que me encanta Disneylandia. Si pudiera, iría todos los días. Me encantan los personajes y las atracciones, el algodón dulce y los globos, las multitudes de gente alegre y las orejas de Mickey Mouse. Me encantan hasta los falsos barriles de dinamita, aun cuando me desilusioné un poco al descubrir que no eran reales. Me gustan muchas cosas sobre Disneylandia, pero mi lugar favorito en todo el parque es la Isla de Tom Sawyer. La Isla de Tom Sawyer es uno de esos lugares en Disneylandia donde no hay atracciones. Es solo un lugar para correr, brincar y soñar. Además, hay un barco pirata anclado justo al lado. ¿A quién no le gusta un sitio que venga con un barco pirata?

Otra cosa que me encanta de Disneylandia es la extravagancia y la creatividad que invirtieron para que todo en el parque tuviera algún significado. Aunque es un lugar enorme, tiene muchísimos detalles —como las cuerdas, las lucecitas parpadeantes, las montañas y el aire con olor a vainilla— que de alguna manera te hacen sentir como si estuvieras en Suiza y en un barco pirata o en el espacio exterior... ¡todo en un mismo día!

¿Sabías que una visita a Disneylandia no siempre fue tan divertida? El primer día que el parque abrió, las fuentes de agua no funcionaron. Hacía tanto calor que el asfalto de las

carreteras se derritió y los zapatos de las mujeres se hundían en las calles. El parque se quedó sin comida, y hasta algunas de las atracciones dejaron de funcionar. Se suponía que Disneylandia fuera el «lugar más feliz en la tierra», pero estuvo muy lejos de eso.

Para mí, lo más sorprendente es que el hombre que creó el parque, Walt Disney, no se dio por vencido. El parque abrió otra vez al otro día, y las personas encargadas de Disneylandia arreglaron todo lo que no había salido bien. Siguieron abriendo el parque, día a día, y este creció lentamente hasta convertirse en el lugar extraordinario que es hoy día.

A medida que he ido creciendo, he descubierto que muchos de mis mejores planes pueden parecerse exactamente al día de apertura de Disneylandia. Cometo errores, las cosas no salen como las planifico y la gente se enoja. Si me hubiera rendido después de cada fracaso, las cosas más importantes en mi vida hoy no existirían. Lo mismo puede decirse de ti. Si te rindes muy pronto, la gente que te rodea no tendrá la oportunidad de ver todo lo que Dios puede hacer a través de ti.

Hace poco leí la Biblia y me di cuenta de algo: Jesús les dijo a sus discípulos que ellos harían mayores cosas que las que Él hizo, porque su Espíritu estaría en ellos. Jesús nunca les dijo a sus amigos que las cosas serían fáciles. Ni una sola vez. Pero sí les prometió que nunca los abandonaría, aun cuando las cosas salieran mal. Y Él nos promete lo mismo a ti y a mí. ¿No te parece maravilloso?

Cuando sueñes con lo que quieres hacer con tu vida, no temas porque las cosas puedan salir mal. De hecho, probablemente así será en algún momento. Simplemente recuerda que no somos nuestros éxitos ni nuestros fracasos. Dios se deleita en nuestros intentos, y a Él le encanta caminar a tu lado cuando estás tratando cosas nuevas, aun cuando se requieran varios intentos para que salgan bien.

# 32

# EMPIEZA UNA PELEA

Cuando estaba en la secundaria, empecé una pelea con Dale, el bravucón de mi escuela. Dale no me caía bien porque siempre estaba empujando a los niños más pequeños, y no le tenía miedo porque yo era más grande que él. Un día, me cansé de los abusos de Dale, y empecé una pelea con él en el patio después de clases.

Ahora bien, sé que no tengo que decírtelo porque ya entiendes esto mucho mejor que cuando yo era niño: usar los puños para pelear es definitivamente una mala idea. Lastimar a otra persona nunca solucionará un problema. ¡Solo hace que el problema empeore! Todo lo que Dale y yo conseguimos de la pelea fueron dos narices con sangre y que nos suspendieran de la escuela.

Cuando crecí y aprendí quién era Jesús, me di cuenta de que Él también empezó algunas peleas. Sin embargo, sus peleas fueron diferentes a la que empecé con Dale. Las peleas de Jesús eran las correctas. Sus peleas eran contra las *cosas* que lastiman a otras personas, en lugar de ser contra las personas. Las peleas de Jesús creaban vida, alegría y paz, en lugar de narices sangrientas. A lo largo de los años, he hecho algunos amigos extraordinarios que se la pasan empezando las mismas peleas que Jesús. Te contaré sobre algunos de ellos.

Tengo un amigo que se llama Jamie que empezó una pelea contra la tristeza y la soledad. Él pasa su vida diciéndole a las personas que son amadas y que sus vidas son especiales para Dios.

Mi amiga Darla empezó una pelea contra la desesperanza. Ella pasa su vida contando historias a través de películas que les enseñan a los niños y niñas a ser valientes, a tener confianza en ellos mismos, y a creer que pueden hacer del mundo un lugar mejor.

Tengo un amigo que se llama John que empezó una pelea contra la esclavitud. Él pasa su vida buscando a personas que necesitan ser liberadas y quiere terminar con la esclavitud durante el transcurso de su vida.

Otra amiga, que se llama Danielle, empezó una pelea contra el hambre y la pobreza en una ciudad grande. Ella les da comida y amor a gente que no tiene suficiente de ninguna de las dos cosas.

Mi amigo Mike empezó una pelea contra la culpa y la vergüenza. Él les dice a las personas cómo pueden perdonarse a sí mismas, y a otros, por los errores que han cometido.

Estos eran los tipos de peleas que Jesús quería que sus amigos empezaran. Jesús sabía que en el mundo ocurrirían cosas realmente tristes. Jesús les dijo a sus amigos una y otra vez que aun cuando ocurrieran cosas tristes, ellos no debían tener miedo. Jesús les dejó saber que Él es más grande que cualquiera de esas cosas que asustan, y que Él siempre estaría con ellos.

Tus padres y otros adultos que te aman te dirán que no empieces peleas, y tienen razón. No fuiste creado para empezar peleas que lastiman a la gente. Hay otros tipos de peleas que sí merecen tu tiempo. Las reconocerás cuando las veas. Cuando están molestando a un niño en tu escuela o cuando notas que alguien no tiene amigos, puedes empezar una pelea contra la soledad y el dolor que están sintiendo. Puedes pedirles que se sienten contigo durante el almuerzo y puedes jugar con ellos en el recreo. Cada vez que comenzamos el tipo de pelea correcto, el mundo conocerá un poco más sobre el corazón de Jesús.

# ENTREGA DE HELADOS

No es un secreto que me encantan los hidroplanos. Estos aviones despegan y aterrizan en el agua. En cierta manera, son como camionetas, porque los construyen para transportar artículos grandes como motosierras, troncos de árboles y motos para la nieve. Pero a diferencia de las camionetas, ¡pueden volar y flotar! Los hidroplanos están hechos para la aventura.

Una de mis primeras aventuras en un hidroplano fue en Canadá, con mi amigo Grant. El campamento Young Life del que te hablé antes tiene un programa de alpinismo, y los estudiantes de secundaria salen a recorrer las montañas y les hablan de Jesús. Las excursiones duran unos seis días y suben montañas que tienen ocho mil pies de altura. No es un ascenso fácil, pero es aún más difícil si llueve o nieva en la cima de la montaña.

Nuestra familia pasa los veranos cerca del campamento Young Life, y una semana mi amigo Grant llegó a visitarnos en su hidroplano. Era un día frío y lluvioso, típico de la costa noroeste del Pacífico, y había escuchado que un grupo de chicos de secundaria estaba de excursión en las montañas. No la estaban pasando muy bien en aquel tiempo tan frío. Algunos se estaban sintiendo enfermos, otros se hallaban agotados, sus medias y sus chaquetas se encontraban mojadas, y estaban listos para regresar a sus casas. Pero les faltaba un último empujón para llegar a la cima de la montaña. Aquella noche, Grant y yo escuchamos en la radio cuando los guías llamaron

al campamento. Los alpinistas no podían decidir entre proseguir a la cima de la montaña con su grupo descontento o descender en la mañana y cancelar el resto del viaje. Al final, los guías decidieron que seguirían hasta la cima en la mañana.

Grant y yo ideamos un plan. Pensamos que si los excursionistas llegaban hasta el glaciar en la cima de montaña, podríamos verlos desde el avión. Y si podíamos verlos, probablemente podríamos lanzarles algo desde el avión, ¿cierto? A la mañana siguiente, nos estábamos riendo cuando nos subimos en el hidroplano para volar hasta el supermercado más cercano, a cien millas de distancia, a fin de comprar varias cajas de sándwiches de helado.

Con mis hijos debidamente amarrados con sus cinturones, sobrevolamos lentamente hasta la cima cubierta de nieve. Finalmente, cuando estábamos como a unos mil pies sobre la cima, examinamos el glaciar y divisamos a los alpinistas moviéndose lentamente por la nieve. Parecían una pequeña fila de hormiguitas mojadas y heladas.

Decidimos pasar una primera vez justo encima de los alpinistas para llamar su atención. Mientras volábamos sobre sus cabezas, todos los excursionistas cansados alzaron la vista y comenzaron a saludarnos con sus manos. Grant les devolvió el saludo con las alas del avión. Entonces, mis hijos me ayudaron a abrir la compuerta en el suelo del avión. Cuando volamos sobre ellos por segunda vez, lanzamos los helados por la compuerta y vimos cómo caían las cajas en el sendero delante de los alpinistas. Desde arriba, vimos pequeños puntitos de alpinistas saliéndose de la fila y corriendo para ver qué habíamos lanzado en la nieve. Pasamos una tercera vez sobre la montaña cubierta de sándwiches de helado, y esta vez pudimos ver a los alpinistas saltando, saludándonos efusivamente con sus manos y dejando escapar gritos de alegría que casi podíamos escuchar a pesar del rugido del enorme motor del avión.

Aquel día, lo que aprendí de Grant, mis hijos y los alpinistas fue esto: a Dios le encanta sorprendernos. He descubierto que en mis momentos más difíciles, cuando tengo una urgente necesidad de aliento, no escucho a Dios hablándome en voz alta; más bien, Dios me envía a un amigo para recordarme lo mucho que Él me ama.

La próxima vez que te sientas desanimado, ¡mira hacia arriba! ¡Mira a tu alrededor! ¡Mira a tu lado! Dios conoce justo lo que necesitas y ya ha escogido a personas para que te animen, aun cuando todavía no sepas quiénes son. ¿Quieres saber qué es lo más divertido? Que Dios te ha puesto a *ti* en las vidas de otras personas para hacer lo mismo. Toma un momento y piensa en los otros niños y hasta adultos en tu vida a los que podrías alentar. Deja que Dios te use a fin de ser la sorpresa que Él ha planeado para sus vidas.

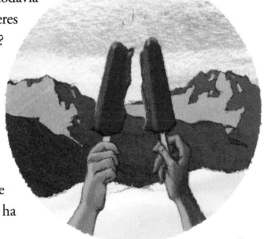

# 34

# BOLSAS DE PALOMITAS DE MAÍZ

Cuando mis hijos eran pequeños, les daba trabajo llevar la cuenta del paso del tiempo. Estoy seguro de que sabes cómo se siente esto. ¿Has estado alguna vez en un largo viaje en auto en el que tus padres te dicen que van a llegar en veinticinco minutos? Bien podrían ser veinticinco años cuando estás aburrido en el asiento trasero de un auto.

Cuando mis hijos todavía estaban aprendiendo a llevar la cuenta del tiempo, pensé en una manera de explicarles el tiempo que les ayudara durante esos largos viajes en auto. Las palomitas de maíz eran un bocado favorito en nuestra casa... a los chicos les encantaba ver cómo el maíz reventaba en el microondas. Ellos sabían cómo se sentía esperar por una bolsa de palomitas de maíz y entendían cuánto tiempo tomaba para que reventaran, así que decidí usar las bolsas de palomitas de maíz como una unidad de tiempo en nuestra casa. Decirles «estaré en casa en cinco minutos» no tenía mucho sentido para ellos, así que prefería decirles: «¡Estaré en casa en dos bolsas de palomitas de maíz!».

¡Lo cómico es que funcionaba perfectamente! A los chicos se les hacía más fácil imaginarse dos bolsas de palomitas reventando en el microondas que un reloj haciendo tictac por

cinco minutos, a pesar de que ambas cosas toman la misma cantidad de tiempo. Contar las bolsas de palomitas de maíz hacía que el largo camino a casa fuera más fácil para los chicos.

¿Sabes que Jesús habló muchas veces sobre observar y aguardar el paso del tiempo? Jesús vino a la tierra para establecer un nuevo reino, pero Él dijo que tendríamos que esperar algún tiempo antes de que ese reino esté terminado. Jesús regresó al cielo para preparar nuestro hogar, pero prometió que regresaría otra vez para terminar su reino en la tierra. La Biblia habla sobre el día cuando Jesús hará que el cielo venga *justo aquí a la tierra*, y todo lo que haya estado mal en el mundo, estará bien. ¿No te parece maravilloso?

Jesús sabía que esperar por las cosas buenas puede ser difícil, igual que es difícil esperar durante un largo viaje a casa. Por lo tanto, Jesús nos dio un trabajo para hacer mientras esperamos. ¡Ayudar a preparar la tierra para cuando Él regrese! Podemos hacer esto ofreciéndole nuestra amistad a gente que no tiene muchos amigos o compartiendo con alguien nuestra merienda favorita. O podemos contarles a otros todo lo bueno que Dios ha hecho.

Esto es un trabajo a tiempo completo y todos podemos hacerlo. Jesús dijo que nadie sabe cuántos minutos, horas o días faltan hasta que Él regrese. No hay bolsas de palomitas de maíz suficientes para llevar la cuenta. Pero mientras esperamos, podemos pasar nuestro tiempo amando a Dios y amando a otros.

# 35

# INVITADO O BIENVENIDO

**D**e niño, mis padres me enseñaron a usar siempre los buenos modales. Si se me olvidaba decir «gracias», ellos me lo recordaban diciendo: «De nada».

«¡Ay!», respondía rápidamente. «Lo siento. ¡Gracias!».

Ya de adulto, comencé a pasar mucho tiempo en el país de Uganda. Quería tener buenos modales mientras estaba allí, así que traté de aprender sobre las distintas maneras en las que la gente es cortés en Uganda. Cuando me encontraba en Uganda, siempre sentía que estaba en problemas, porque dondequiera que iba, desde el momento que pisaba el aeropuerto hasta tomar un taxi o ir al supermercado, la gente me decía: «¡De nada!».* Me sentía muy mal, porque pensaba que me estaban recordando que debía decir «gracias».

«Ay», les decía. «Lo siento. ¡Gracias!».

Luego me di cuenta de que mis nuevos amigos ugandeses realmente no me estaban recordando que tuviera buenos modales. Cuando yo pensaba que me estaban diciendo «de nada», lo que de verdad me estaban diciendo era: *¡Eres bienvenido aquí!*.* Sus palabras no eran de corrección. Eran palabras de bienvenida.

---

Nota del editor: *en inglés el equivalente a «de nada» es *«you are welcome»*. Lo mismo se usa para decir «eres bienvenido». Por eso Bob se confundía cuando le decían «you are welcome».

¿Te han invitado alguna vez a un lugar, pero no te sentiste bienvenido cuando llegaste? Que te inviten a un sitio es muy distinto a sentirte bienvenido, ¿cierto? Es la diferencia entre que alguien simplemente sea amable contigo porque es lo correcto y que alguien realmente se emocione al verte y quiera pasar tiempo contigo.

Hoy día, cada vez que recibimos a alguien en nuestra casa, me ocupo de darles un abrazo y decirles: «¡Eres bienvenido aquí!». Aprendí esa lección de mis amigos en Uganda.

A lo largo de tu vida conocerás personas nuevas que visiten tu iglesia o que vayan a tu escuela, o que se unan a tus equipos deportivos. Probablemente hayan sido invitados por alguien para estar ahí. Hazlos sentir más que solo invitados... hazlos sentir bienvenidos. Existe una gran diferencia entre ambas cosas. Si alguna vez has sido nuevo en algo, quizás te mudaste a un nuevo vecindario o te uniste a un equipo por primera vez, sabes lo mucho que significa que alguien te incluya. ¡Así que devuelve el favor y recibe a otros en tu grupo de amigos!

Uno de nuestros trabajos en el reino de Jesús es ser *anfitriones*... hacer que la gente se sienta bienvenida. Si bien podemos invitar a otras personas, no podemos decidir quién entra y quién no. Sin embargo, sí podemos pararnos en la puerta, abrazar y recordarles a todas las personas que saludemos: «¡Eres bienvenido aquí!».

# GRACIA Y PAPEL
# DE BAÑO

**C**uando mis hijos estaban en la secundaria, hacer travesuras con papel de baño era muy popular. Durante la noche, los estudiantes se colaban en el patio de alguien, y cubrían los árboles y los arbustos con papel de baño. Hay muy buenas razones por las que no debes hacer algo así: es un desperdicio de papel y hace un tremendo desastre que otra persona tiene que limpiar. Aun así, nos pasó un par de veces, y nuestros hijos pensaban que era divertidísimo salir en la mañana y encontrar el patio completamente blanco. Yo también pensaba que era divertido, porque sabía que la intención de los muchachos traviesos no era hacer daño. La guerra con papel de baño entre los compañeros de escuela de los chicos se mantuvo en todo su apogeo por varios meses, hasta que finalmente llegó demasiado lejos.

Una noche, cubrieron nuestra casa y nuestro patio con papel de baño. Pero resulta que, en aquel momento, estábamos remodelando un área de nuestra casa y varios constructores venían a trabajar durante el día, así que colocamos un baño portátil en nuestra propiedad. Mientras un grupo de los amigos de mi hijo estaba cubriendo la casa con papel de baño, a alguien se le ocurrió que sería gracioso volcar el baño portátil. Sé que no tengo que explicarte el desastre... no fue gracioso para *nada*.

Teníamos una buena idea de dónde se estaban quedando estos muchachos aquella noche, así que en la mañana, llamamos a la casa y le contamos al papá lo que había pasado. Él subió a todos los muchachos en su carro y los trajo a nuestra casa. Creo que esperaban estar en un problema serio o que les gritáramos. Los muchachos se pararon en la grama, con sus cabezas bajas, sintiéndose muy mal por lo que habían hecho. Mientras salíamos a saludarlos, mi dulce María salió disimuladamente para hacer algunos recados.

Sin duda alguna, yo no estaba nada contento por lo que había ocurrido en nuestro patio, pero no sermoneé a los muchachos como estaban esperando. En cambio, les expliqué que se estaban convirtiendo en hombres. Les dije que los niños que se están convirtiendo en hombres (y de hecho, también las niñas que se están convirtiendo en mujeres) se definen por el respeto que les demuestran a otros. Todo el mundo puede divertirse, pero le habían faltado el respeto a mi casa y a mi familia al llevar la travesura demasiado lejos. Les dije que íbamos a trabajar juntos para hacer lo correcto. Los muchachos se disculparon, y por supuesto, yo los perdoné. Mis hijos se unieron para ayudar, y todos trabajamos mano a mano para limpiar aquel desastre.

Justo cuando estábamos terminando, mi dulce María regresó a la casa y se estacionó en el acceso para autos. Lo que los muchachos no sabían era que ella había salido con la misión de comprar una docena de donas... de las realmente deliciosas, espolvoreadas con azúcar y trocitos de chocolate.

Con una sonrisa, ella dijo: «Llamaremos a esto la fiesta del arrepentimiento. ¿Quién está listo para desayunar?». Todo el mundo se lavó las manos y nos sentamos en el balcón trasero, a tomar jugo de naranja y a comer donas. Lo que había comenzado como una situación en la que todos nos sentíamos muy mal, pronto cambió, porque todos quisimos hacer lo correcto.

Mis hijos se hicieron aún más amigos de los muchachos que habían hecho aquel desastre frente a nuestra casa, y curiosamente, aquellos muchachos no volvieron a hacer aquel tipo de travesuras.

Jesús habló muchas veces sobre lo que debemos hacer cuando la gente nos lastima o nos defrauda. ¿Sabías que otras personas sabrán que somos amigos de Jesús cuando vean la manera en que tratamos a los que se han comportado mal con nosotros? Jesús dijo que, si alguien hace algo que nos lastima, no debemos lastimarlos de vuelta. En cambio, debemos responder a los actos de maldad o insensibilidad con actos de *bondad*. Lo que he aprendido de Jesús es que cuando alguien hace algo que nos lastima, debemos darles una oportunidad para que hagan lo correcto. Cuando respondemos con bondad, en lugar de lastimarlos, con frecuencia nos convertimos en mejores amigos de ellos, y tenemos la oportunidad de demostrarles la bondad de Jesús.

# 37

# DE PUNTILLAS

Cuando mi hermana y yo éramos pequeños, nuestros padres mantenían un registro de nuestra estatura parándonos contra el marco de la puerta y dibujando una línea sobre nuestras cabezas. Yo siempre pensaba que era un poco más alto que mi hermana, pero ella era mayor que yo y hacía notar orgullosamente que era más alta también. Después que mis padres trazaban la raya en el marco de la puerta, daba un paso hacia atrás con entusiasmo para ver si había alcanzado a mi hermana. Yo era un niño alto y flaco, y sabía que pronto la alcanzaría. Simplemente parecía que siempre estaba equivocado.

Finalmente, llegó el día en que *sabía* con absoluta seguridad que mi línea en la puerta estaría más arriba que la de ella. Me paré al lado de mi hermana, mirando el tope de su cabeza, y no podía esperar para ver mi marca más arriba. Pero cuando me alejé de la puerta, vi que mi línea todavía estaba un poquito más abajo que la de ella. *¿Cómo era posible?* Estaba seguro de que la sobrepasaría *por lo menos* por una pulgada. Simplemente no tenía sentido. Habría apostado mi dinero para dulces a que yo era más alto.

No estoy completamente seguro de por qué medirme con mi hermana era tan importante para mí. Todos lo hacemos. Nos comparamos con nuestros amigos, atletas, chicos y chicas populares en la escuela o cantantes famosos. Queremos saber

qué tan cerca estamos de ellos. ¿Son solo una pulgada mejor que nosotros? ¿Dos pulgadas? Esto nunca fue la intención de Dios. Él nos creó a cada uno de nosotros para ser alguien diferente. Dios no quiere que nos comparemos con nadie, sino con Él y su extravagante amor.

Les supliqué a mis padres que nos midieran a mi hermana y a mí solo una vez más. Mi hermana se paró contra el marco de la puerta y mis padres tomaron el lápiz otra vez. Esta vez me di cuenta de algo: ¡Vi que estaba parada *de puntillas*! Por años, ella había pretendido ser una pulgada más alta de lo que realmente era.

Ahora que ya soy adulto, he notado que no importa lo grandes o pequeños que seamos, todos queremos sentirnos especiales, amados e importantes. A veces tratamos de lucir como el mejor para sentir esas sensaciones agradables. Quizás nos vistamos o actuemos de cierta manera solo porque otras personas lo están haciendo. Cuando hacemos estas cosas, realmente solo estamos tratando de ser una pulgada más altos que otra persona.

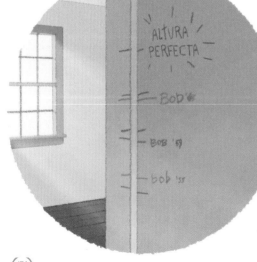

Mucha gente vive toda su vida de puntillas, por así decirlo, y esa puede ser una forma de vivir muy agotadora.

Ahora que conozco mejor a Jesús, me he dado cuenta de que esas cosas que realmente quería —cosas como el amor y sentirme especial— son cosas que ya tengo. Y tú también las tienes. Cuando Jesús te mira, Él ya te ama de pies a cabeza. No tienes que ponerte de puntillas para que te ame más. No necesitas compararte ni medirte con nada ni con nadie. No tienes que ser más alto, ni más inteligente, ni más gracioso para que Dios te ame. Ya eres amado y aceptado solo por ser exactamente quien Dios tenía en mente cuando te creó.

# 38

# RENUNCIA

Cuando era joven, muchos adultos me aconsejaban. Me decían cosas como: «¡No te des por vencido!» y «¡No renuncies!».

En la mayoría de las situaciones, estos son consejos excelentes. Son consejos que les daría a mis hijos en cualquier momento. Cuando se trataba de pruebas de ortografía, aprender a manejar o ser amables con alguien que no se había portado bien con ellos, mi consejo siempre era el mismo: «¡No te rindas! ¡Tú puedes hacerlo!».

Pero en realidad, me tomé muy en serio la idea de nunca rendirme, y comencé a decirle que sí a todo. Estoy seguro de que a estas alturas ya sabes que, por lo general, pienso que más de cualquier cosa es mejor. Más globos, más tiempo, más viajes a Disneylandia, y definitivamente más azúcar espolvoreada en mis donas. Durante muchos años, ¡le dije que sí a todo! Sin embargo, ¿sabes qué? Estaba *tan* ocupado y mi vida estaba *tan* llena que comencé a preocuparme porque estaba haciendo demasiadas cosas, pero algunas de esas cosas no eran realmente importantes. Necesitaba hacer un cambio drástico en mi vida a fin de tener espacio para lo que de verdad importaba.

Decidí declarar que los jueves serían el «Día de renunciar a algo». Me daba por vencido con algo cada jueves. ¡No estoy bromeando! Renuncié a cosas como dirigir una organización o

quejarme o comer malvaviscos. ¡Podía ser cualquier cosa! Uno de los jueves hasta renuncié a mi trabajo. Comencé a entender que, para tener más tiempo para las cosas más importantes en mi vida, necesitaba estar dispuesto a liberarme de muchas otras cosas. Lo gracioso es que, aunque muchas de las cosas que dejé eran malas para mí desde un principio, muchas de ellas podrían ser buenas para otra persona... pero me estaban ocupando demasiado y no podía hacer lo que Jesús me estaba invitando a hacer.

¿Sabías que Jesús también les pidió a sus amigos que renunciaran? Jesús dijo que nos alejáramos de las cosas que pueden causar que nos distanciemos de Él. Dijo que dejáramos de mirar lo que no es bueno que miremos y que no tomáramos cosas que no son nuestras. Jesús les dijo a sus amigos que dejaran de hacer cosas desagradables. La Biblia habla de un hombre llamado Pablo, que fue uno de los primeros líderes de la iglesia. Pablo dijo que debemos dejar de hacer cualquier cosa que cause que alguien se confunda

MARZO
9
JUEVES

sobre quién es Dios y cuánto Él nos ama. La Biblia está llena de consejos sobre qué cosas debemos seguir haciendo y a cuáles debemos renunciar.

Ahora bien, hay ciertas cosas en la vida con las que jamás debes darte por vencido, como amar o perdonar a otras personas. Definitivamente nunca renuncies a eso. Sin embargo, hay otras cosas a las que siempre debemos sentir la libertad de renunciar. He aquí algunos ejemplos que puedes practicar ahora mismo:

Deja de preocuparte.

Deja de pelear con tu hermano o tu hermana.

Deja de sentir miedo.

Si dejamos de hacer las cosas que no son las que Dios más quiere para nosotros, tal vez tendremos más tiempo para las cosas importantes. Yo escogí el jueves como mi día para renunciar a algo, ¡pero tú puedes escoger el día que más te guste! ¿A qué podrías renunciar hoy a fin de tener más tiempo mañana para las cosas buenas que Jesús quiere para ti?

# DE TRES MINUTOS
# EN TRES MINUTOS

Viajo mucho por mi trabajo y paso mucho tiempo en los aeropuertos. Casi siempre, cuando voy a viajar a algún lugar, tomo el primer vuelo del día, y por eso llego al aeropuerto a la misma hora cada mañana.

No pasó mucho tiempo antes de que comenzara a reconocer los rostros de las personas que trabajaban en el aeropuerto. Un hombre en particular llamó mi atención. Él verificaba los documentos de identificación, como las licencias de conducir y los pasaportes, para confirmar si las personas realmente eran quiénes decían que eran antes de abordar sus aviones. Lo que me llamaba la atención de este hombre era que siempre parecía estar rebosante de alegría, aun a las cinco de la mañana. Era bajito y delgado, y quisiera imaginarme que las arrugas en su rostro provenían de los muchos años sonriéndose de oreja a oreja.

Una mañana cuando estaba verificando mi identificación, le dije que mi nombre era Bob y le pregunté cómo se llamaba. Él alzó la vista mientras me devolvía mi licencia de conducir y me contestó con su sonrisa habitual: «¡Me llamo Adrián!».

Entonces le dije: «Adrián, tengo que decirte algo... vengo al aeropuerto todas las mañanas y tú eres la primera persona

que veo. ¡Siempre estás tan lleno de alegría! Me recuerdas mucho a Jesús». Adrián volvió a sonreírse, y sin decir nada, me dio un gran abrazo de oso. Su cabeza me llegó más o menos hasta el ombligo.

La conversación completa no duró más de tres minutos, pero supe que acababa de hacer un nuevo amigo.

A partir de entonces, cada vez que pasaba por seguridad, podía contar con que Adrián se sonreiría conmigo, me abrazaría y verificaría mi identificación para estar seguro de que yo era realmente Bob. Durante los meses siguientes descubrí —de tres minutos en tres minutos— que Adrián y su esposa se acababan de mudar de Tijuana, México, a San Diego.

Durante décadas antes de mudarse, él había sido mecánico de aviones. Escuché sobre sus hijos y nietos, y de cómo su esposa horneaba enormes tandas de galletas para venderlas y así tener dinero suficiente para los víveres.

Pronto, Adrián se hizo amigo de toda nuestra familia. Pasamos varias Navidades juntos. Cuando mi hija, Lindsey, creció y se fue a estudiar a la universidad, ella veía a Adrián en la fila de seguridad del aeropuerto, y él se acercaba de inmediato, sonriendo y le gritaba: «¡Jovencita! ¿Cómo estás? ¡Que tengas un buen viaje de regreso a la universidad!».

Como vivíamos tan cerca del aeropuerto, Adrián venía a nuestra casa cada vez que tenía un receso largo en el trabajo. Aunque fue una amistad que comenzó de tres minutos en tres minutos, Adrián continuó siendo amigo de nuestra familia por muchos años.

Pienso que Dios lo hizo así a propósito para recordarnos que no necesitamos años ni semanas, ni siquiera días, para hacernos amigos de alguien. La próxima vez que estés esperando en una fila para usar el columpio en tu escuela o tomar el almuerzo en la cafetería, ¡mira a tu alrededor! Podrías hacer un nuevo amigo. Y casi siempre, lo único que necesitas son tres minutos.

# 40

# EL MARIONETISTA

Cuando mi hija, Lindsey, era niña, una de nuestras actividades favoritas para hacer juntos era visitar las galerías de arte.

A ella le gustaba mucho pintar, así que los sábados por la mañana nos levantábamos temprano, parábamos en una cafetería, comprábamos chocolate caliente y caminábamos hasta las distintas galerías a fin de buscar ideas para su próxima creación. Las galerías de arte eran muy elegantes, y ambos mirábamos sorprendidos las pinturas hermosas y detalladas que habían creado algunos artistas realmente talentosos.

Un día, Lindsey y yo estábamos caminando juntos en una galería y me paré en seco cuando vi en la pared la pintura más espléndida que jamás hubiera visto. El nombre de la pintura era *El marionetista* [The Puppeteer]. Era la pintura de un abuelito sentado a la mesa con su familia. El abuelito les estaba presentando un espectáculo de marionetas, con una enorme sonrisa en su rostro. Los juguetes estaban regados en el suelo, donde los niños los habían dejado, y los platos sucios estaban en el fregadero. Parecía que todo el mundo había soltado inmediatamente lo que estaba haciendo para mirar el espectáculo de marionetas del abuelo. Me encantó la pintura, porque me recordó lo mucho que me gusta pasar tiempo con mi familia. También me recordó cómo Jesús nos invita a reunirnos alrededor de su mesa.

Decidí que la pintura tenía que ser mía, así que comencé a ahorrar. Me tomó mucho tiempo antes de tener el dinero suficiente para comprar la pintura. Finalmente, el día llegó y me apresuré hasta la galería, con el dinero en mi mano.

Cuando llegué, me sorprendió ver *dos* pinturas que se veían exactamente iguales colocadas orgullosamente en sus caballetes... ¡las dos eran las mismas pinturas del marionetista! Le pregunté al hombre de la galería por qué estaba recibiendo dos pinturas.

Él me contestó: «La pintura de la izquierda es la real. La de la derecha es la copia».

Resulta que, si compras una pintura valiosa, realmente recibes dos. Se supone que la copia sea la que cuelgues en tu pared para que todo el mundo la vea, y que guardes la real en

una bóveda secreta para que no le pase nada. ¿Has escuchado alguna vez una tontería como esta? Por supuesto, ya sabes cuál colgué en mi pared: ¡la real! Estoy seguro de que habrías hecho lo mismo. Entiendo por qué el hombre de la galería quería que colgara la copia. La original era una obra maestra invaluable. ¿Qué tal si colgaba la real en la pared y algo la dañaba?

Ahora bien, hay algo que tengo que decirte sobre nuestra casa: si alguna vez nos visitas, mejor es que llegues armado. Cuando compré *El marionetista,* mis hijos y mi hija tenían pistolas de gomas elásticas y las batallas que teníamos eran épicas.

Una mañana, mientras me sentaba en la sala para tomarme mi café, miré a *El marionetista* y por poco me derramo encima la taza completa. El marionetista había recibido un golpe con una goma elástica... ¡justo en la cabeza! Los chicos me aseguraron que no lo habían hecho, pero soy papá. Sé de estas cosas. Mi pintura invaluable era una víctima de una guerra con bandas elásticas.

Pude haberme enojado muchísimo, porque mi pintura invaluable ahora tenía una marca, ¿pero sabes qué? No lo hice. La pequeña marca en la frente del marionetista hace que la pintura me guste mucho más.

Igual que colgar una pintura invaluable en la pared, mostrar la versión real de nosotros mismos a veces puede asustarnos. Nos asusta que no nos acepten o que otra persona nos lastime o nos haga daño. Por lo tanto, preferimos exhibir una versión falsa de nosotros mismos en vez de la real. Sabemos que no es la real, pero pretendemos que así es delante de otras personas y escondemos la versión real de nosotros mismos —la obra maestra— en algún lugar seguro. ¿Sabes lo que Dios piensa que debemos hacer con nuestra obra maestra? Él no quiere que la escondamos más.

Él no quiere que vayamos a lo seguro. De hecho, no existe ninguna cantidad de marcas con bandas elásticas que puedan cambiar la realidad de que eres una obra maestra de Dios, y esas imperfecciones que ganas en el camino hacen que Él te ame aún más. No tengas de miedo de exhibir tu versión real, ¡porque eres una obra maestra de Dios!

# 41

# UNOS A LOS OTROS

Cuando mis hijos estaban creciendo, teníamos una regla en nuestra familia: cada vez que los chicos defendieran y protegieran a sus hermanos, toda la familia celebraría con una fiesta. Gracias a Dios, pudimos celebrar muchas fiestas, porque los chicos aprendieron a temprana edad a defenderse y protegerse unos a los otros. Aunque a veces puede ser difícil llevarse bien con los hermanos o las hermanas o los amigos, yo sabía que, si se defendían y protegían entre ellos, serían buenos amigos por el resto de sus vidas.

Cuando mi hija, Lindsey, estaba en la secundaria, una de sus amigas murió. Fue un golpe fuerte para todo el mundo. La muerte es muy triste y algo muy difícil de afrontar. También entristece a Dios. Cuando estás llorando por la muerte de alguien, puede que sientas una ola de emociones que te golpea de la nada y comenzarás a sentirte realmente triste. Esto es normal, pero aunque lo sepas, el proceso no se hace más fácil.

Una noche, nos sentamos a la mesa como familia y conversamos sobre lo triste que era que Lindsey hubiera perdido a su amiga. Todos nos sentíamos muy tristes por Lindsey y por la familia de su amiga. Mientras conversábamos, me volteé hacia mis hijos y les dije: «Hijos, Lindsey se va a sentir muy triste por algún tiempo, y tal vez le ocurra en diferentes momentos. El trabajo de ustedes es proteger el corazón de

su hermana. Si ella comienza a extrañar mucho a su amiga y empieza a llorar, consuélenla. Si se ve triste y piensan que necesita una distracción, busquen una. Si ella necesita que alguien simplemente se siente a su lado en silencio, siéntense. Como su familia, todos tenemos que cuidarla».

¿Sabes qué hicieron mis hijos? Seguro que sabes, porque tú habrías hecho exactamente lo mismo. Mis hijos cuidaron de su hermana durante aquel tiempo difícil. A veces, lo único que podemos hacer es caminar *a través* de la tristeza juntos, no evitarla. Dios nos dio los unos a los otros para que no tengamos que pasar solos por los momentos más difíciles.

Hoy día, mis hijos ya son adultos y todos viven en la misma ciudad. ¿Y sabes qué? Son los mejores amigos. El compromiso que hicieron cuando niños de estar ahí uno para el otro continúa hasta el día de hoy. Se defendían y se protegían los unos a los otros entonces, y todavía lo hacen hoy. Si uno se enferma o necesita ayuda para mudarse o tiene un día difícil en el trabajo, están allí para apoyarse unos a los otros. Han pasado muchos años, pero mi dulce María y yo todavía celebramos muchas fiestas. ¿Sabes por qué? Porque nuestros hijos se defienden y se protegen los unos a los otros.

¿Sabías que justo antes de morir Jesús oró por sus amigos? Eso incluye a todas las personas que lo seguirían un día, ¡incluso a nosotros! Jesús no oró que recibiéramos todo lo que quisiéramos ni que las cosas fueran fáciles para nosotros. En cambio, oró que Dios nos ayudara a amarnos el uno al otro.

Oró que actuáramos como si fuéramos *una* persona. Lo que Jesús quiso decir fue que deseaba que permaneciéramos unidos. Si una persona sufría, todos sentiríamos su dolor. Si una persona estaba feliz, todos celebraríamos. Jesús oró pidiendo que nuestra alegría en Él fuera completa y dijo que solo sabríamos cómo se siente la alegría completa cuando nos amáramos unos a los otros como Él nos amó. ¿Has pensado alguna vez que la forma en que tratas a tus familiares podría ser una de las mejores maneras para mostrarle al mundo el amor de Dios?

## 42
# SECRETAMENTE INCREÍBLES

**¿H**as visto alguna vez la película *Los increíbles*? Se trata de una familia con superpoderes que tiene que aprender a usar esos poderes juntos.

El padre, el Sr. Increíble, se reúne con una mujer llamada Edna, que se dedica a crear disfraces para superhéroes. Cuando están discutiendo el diseño de su nuevo disfraz, Edna le repite una y otra vez este consejo: «Nada de capas». El Sr. Increíble está claramente desilusionado, porque de verdad quiere un uniforme con capa (¿no te gustaría también?), pero Edna se mantiene firme. Hasta le da ejemplos de los problemas que pueden causar las capas: quedarse atrapadas en los elevadores y en los vórtices. Su punto es sencillo: las capas pueden impedir que los héroes hagan cosas extraordinarias. Y creo que Jesús está de acuerdo.

Cuando Jesús estaba aquí en la tierra, enseñando y sanando a la gente, ¿sabes lo que dijo después de hacer un gran milagro por alguien? Le dijo a la persona: «No le digas a nadie». En lugar de crear todo un espectáculo de las cosas extraordinarias que estaba haciendo, Jesús quería mantenerlas calladas, y así nos enseñó cómo debemos actuar nosotros también. Fue casi como si Jesús escogiera no usar una capa.

En una ocasión, Jesús conoció a dos ciegos... ¡no podían ver nada! ¿Sabes qué les dijo Jesús después de sanarlos? «No le digan nada a nadie». Ahora bien, si *yo* hubiera sanado a alguien que no podía ver, ¡le diría a todo el mundo! Haría camisetas y pegatinas y, probablemente, pediría mi propio programa de televisión. Ahora que lo pienso bien, ¡quiero pedir mi propio programa de televisión cuando recuerdo cortar el césped!

Jesús estaba hablando con sus amigos y les dijo: «Saben, si realmente quieren ser como yo, esto es lo que deben hacer. Si hacen algo bueno, no lo conviertan en algo importante. No hagan cosas buenas por la gente solo para llamar su atención. En cambio, hagan cosas buenas por otras personas *en secreto,* ¡porque Dios siempre ve lo que haces!».

Así es como debemos actuar.

Cuando tratamos de llamar mucho la atención por las cosas buenas que hacemos, es como ponernos una capa. Pero el asunto es este: las capas pueden hacernos tropezar y caer, y olvidar las razones más importantes por las que estamos aquí. La razón por la que tú y yo estamos aquí en la tierra es para amar a Dios y amar a las personas a nuestro alrededor. Cuando nos quitamos las capas, ya no tratamos de lucir como muñecos de acción y nos convertimos en algo mucho más importante para Dios... llegamos a ser *secretamente increíbles.* Las personas secretamente increíbles mantienen lo que hacen como uno de los secretos mejores guardados de Dios, porque Él es el único que tiene que saber.

Dios nos creó a todos para hacer grandes cosas. Todos somos héroes y siervos ante sus ojos. Cuando Jesús ayudó a otros calladamente, les estaba enseñando a las personas a su alrededor que nuestras vidas no tratan solo de nosotros. No tenemos que llevar una capa ni contarle a todo el mundo las cosas buenas que estamos haciendo. Cuando no enfocamos las cosas en nosotros, podemos dirigir la atención de la gente hacia Jesús.

# 43

# UN CORAZÓN NUEVO

L a gente que ama a Jesús habla sobre cómo Dios nos da un corazón nuevo, pero nunca entendí lo que realmente significaba hasta que conocí a mi amiga Kelly.

Kelly es una de las personas más aventureras que conozco. No es mucho más alta que tú, pero está hecha de valor y audacia de pies a cabeza. No tiene ningún miedo a las alturas; de hecho, le *encanta* escalar lo más alto posible. Lo que más le gusta hacer a Kelly con su esposo es escalar montañas. Y como si eso no fuera lo suficientemente extraordinario, Kelly tiene un *corazón completamente nuevo*. Déjame explicarte cómo pasó.

Verás, hace algunos años, el corazón de Kelly se enfermó de gravedad. No estaba funcionando como se supone que lo hiciera. Los médicos de Kelly dijeron que su corazón no duraría mucho más y que necesitaba uno nuevo. Lo maravilloso sobre estos médicos era que sabían exactamente lo que tenían que hacer para ayudar a Kelly. Tenían que hacerle una operación grande y estoy seguro de que esto la hizo sentir bastante nerviosa. Pero, ¿sabes qué? ¡Funcionó! El corazón nuevo de Kelly comenzó a latir en su pecho y ahora tenía más fuerzas que nunca antes.

Sin embargo, el corazón nuevo de Kelly funciona un poco distinto al tuyo o el mío. Coloca ahora tu mano en tu corazón. ¿Sientes cómo late tu corazón? Ahora, haz diez saltos de

tijera y vuelve a sentir tu corazón. ¿Está latiendo un poco más rápido? Estoy seguro que sí. Dios usa los nervios conectados a nuestro corazón para decirle a nuestro cerebro cuán rápido nuestro corazón debe latir. Cuando corremos, saltamos o nos movemos muy rápido, nuestro cerebro le envía un mensaje a nuestro corazón, y le dice que lata más rápido para seguirnos el ritmo. Cuando nuestros corazones bombean sangre más rápido, envían oxígeno a todo nuestro cuerpo, y esto es justo lo que necesitamos si estamos haciendo mucho ejercicio. Cuando nos quedamos quietos otra vez, nuestro corazón también se desacelera. Así es como nuestros corazones y cerebros trabajan juntos para mantenernos saludables y fuertes.

Lo que diferenciaba el nuevo corazón de Kelly del tuyo y el mío es que su cerebro no sabía cómo hablarle a su nuevo corazón.

Cuando Kelly trataba de escalar una montaña, a su nuevo corazón le daba trabajo acelerarse para recibir el oxígeno que ella necesitaba. ¿Crees que esto hizo que Kelly dejara de escalar montañas? ¡Seguro que no! Por el contrario, ella aprendió a susurrarle a su corazón.

Cuando Kelly comienza a escalar una montaña y necesita que su corazón lata más rápido, ella le dice a su corazón: «Esto va a ser un trabajo arduo. Vamos a escalar, ¡y necesito que latas bien rápido!», y su corazón obedece. Kelly tiene otro problema cuando llega a la cima de la montaña. Su corazón cree que ella todavía está escalando. Así que Kelly le susurra otra vez a su corazón: «¡Lo logramos! ¡Ya puedes descansar!».

La Biblia dice que Dios nos hizo nuevas criaturas. Esta es otra manera de explicarlo: Dios ha puesto en nosotros un corazón nuevo. ¿Te has puesto a pensar alguna vez que las palabras que nos decimos a nosotros mismos y a nuestros corazones son realmente importantes? Igual que Kelly le habla a su corazón, nosotros podemos hablarle a nuestro corazón nuevo y recordarnos quién es Dios y lo que Él quiere que seamos.

Toma un momento para recordarle a tu corazón que Dios te ama, que te cuidará y que Él te conoce por tu nombre. Si estás cansado, dile a tu corazón que puede descansar en Jesús. Si tienes miedo, recuérdale a tu corazón que Dios siempre está contigo y que nunca te abandonará. Si has estado trabajando muy duro, susúrrale también sobre eso a tu corazón. Dios quiere saber cómo están tú y tu nuevo corazón.

# 44

# ENTREGA DE COCODRILOS

«**B**ob, nuestra iglesia va a recibir una entrega de cocodrilos, ¿quieres venir a verla?».

«¡¿Una entrega de cocodrilos?!», dije sorprendido y contentísimo. No tenía la menor idea de qué era una entrega de cocodrilos, pero sonaba genial. Colgué el teléfono luego de hablar con el pastor de Alabama que acababa de invitarme a predicar en su iglesia y a ver esta entrega de cocodrilos, fuera lo que fuera eso. Nunca había visto un cocodrilo de verdad, excepto una vez en una película, y me imaginaba lo increíble que sería ver a cientos de cocodrilos caminando por todos lados. Pensé que eso era lo que pasaba en una entrega de cocodrilos.

Cuando llegué a Alabama y me encontré con el pastor, podía sentir cómo aumentaba mi emoción mientras nos dirigíamos al enorme almacén donde harían la entrega. Solo esperaba que ya no hubieran terminado, y si era así, tenía la esperanza de que algunos cocodrilos todavía estuvieran caminando libres por el almacén.

Cuando entré al almacén, me sentí un poco confundido. Había filas y filas de mesas con montones de papas, y había mucha gente... pero no veía ningún cocodrilo.

Después de unos momentos algo incómodos mirando alrededor, me armé de valor y le pregunté a mi nuevo amigo pastor: «¿Dónde están los cocodrilos? ¿Ya hicieron la entrega?».

Mi amigo me miró por un segundo, sonriéndose: «¿Cocodrilos?».

«Sí», le dije. «Ya sabes... la entrega de cocodrilos».

Se dibujó una sonrisa enorme en su rostro y comenzó a reírse con todas sus ganas. «Bob, esto no es una entrega de cocodrilos. ¡Es una entrega de *cultivos*!».

Después de todo, el almacén no estaba lleno de cocodrilos. Yo no había escuchado la palabra correcta. Estaba lleno de *cultivos*. Llamamos cultivos a los alimentos que los granjeros recogen en sus campos. Todas las iglesias del área caminan por los campos y recogen juntos los cultivos que las máquinas de los granjeros han dejado atrás. Luego, trabajan juntos y empacan en bolsas el alimento y las llevan a personas en la comunidad que no tienen comida.

Esto es lo hermoso sobre lo que estaba ocurriendo en aquel almacén: si le preguntabas a alguien de qué iglesia venía, no te decían el nombre de la iglesia a la que asistían los domingos por la mañana. Simplemente te contestaban: «¡De nuestra iglesia!». A veces es fácil olvidar que la iglesia de Jesús no es un montón de iglesias separadas que se reúnen en distintos edificios. Es una iglesia que se reúne en muchos lugares. En este sentido, todos somos una gran familia. Lo maravilloso sobre Jesús es que vino para acercar a las personas a Él y para acercarnos los unos a los otros de modo que pudiéramos ayudarnos. Y Jesús también usará lo que sea para unirnos: ya sea un saco de papas o un almacén lleno de cocodrilos.

# 45

# VALIENTE

Tengo un amigo que se llama Charlie y es muy valiente. Charlie es un niñito natural de Uganda que vivía con su mamá en una casa muy lejos de las ciudades grandes. Cuando Charlie tenía diez años, le ocurrió algo malo. Unas personas lastimaron su cuerpo. Pero hay algo que tienes que saber sobre Charlie: es un niñito muy fuerte. Aunque aquellas personas lo lastimaron, Charlie fue lo suficientemente valiente para buscar ayuda. Le contó a su mamá, a la policía y a otros adultos en su vida lo que le había pasado y así fue que nos conocimos.

Como soy abogado, tengo la oportunidad de ayudar a niños y niñas asegurándome de que otros cumplan con las leyes. Cuando conocí a Charlie y escuché su historia, pensé que podía ayudarlo. Encontramos a las personas que le habían hecho daño a Charlie y las enviamos a la cárcel.

Esto podría parecer el fin de la historia, pero tenía planes más grandes para ayudar a Charlie. Él necesitaba ver a un médico, y varios médicos en California ofrecieron sus servicios de forma voluntaria para ayudarlo. Así que estaba decidido... ¡Charlie viajaría a Estados Unidos por primera vez! Antes de salir de Uganda, Charlie y yo fuimos juntos a la corte en Uganda a fin de obtener el permiso para que pudiera viajar conmigo.

Charlie y yo llegamos al aeropuerto en Uganda y abordamos un avión enorme. Como él había crecido en una aldea en Uganda, lejos de la ciudad, nunca antes había visto un avión. Charlie se sorprendió y se emocionó cuando el avión se elevó hacia el cielo ¡con nosotros adentro!

Uganda está muy lejos de Estados Unidos, así que paramos en Londres, Inglaterra, para un receso. En este país hay reyes y reinas, y guardias que usan sombreros grandes. Cuando

nos bajamos del avión, miré mi teléfono y no vas a creer de quién había recibido un mensaje. ¡De la Casa Blanca! No estoy bromeando. La gente en la Casa Blanca había escuchado sobre Charlie y lo valiente que era, y me enviaron un breve mensaje. Simplemente decía así: «¡Nos gustaría conocer a Charlie!». ¿Sabes lo que hicimos? Viajamos a Washington, DC, y visitamos la casa del presidente. ¡Te imaginas como sería estar un día en la selva en Uganda y al otro día estar en el Despacho Oval!

Cuando salimos de la Casa Blanca, viajamos hasta el otro lado del país para reunirnos con los médicos para la operación de Charlie. Todo salió bien y Charlie mejoró. Pasar por una operación no es muy divertido, así que tan pronto Charlie salió del hospital, le conté sobre una tradición que tenemos en nuestra familia. Cuando cada uno de nuestros hijos cumplía diez años, podía escoger una aventura e íbamos juntos. Podían ir adondequiera que escogieran. Cuando Lindsey cumplió diez años, quiso una fiesta de té en Londres. Richard quiso escalar el «Half Dome», que es una roca enorme en el Parque Nacional Yosemite, y Adam quiso correr motora en el desierto. ¿Sabes lo que Charlie dijo que quería hacer en su aventura de los diez años? ¡Quería escalar el Kilimanjaro!

En caso de que no sepas, el Monte Kilimanjaro es la montaña más alta en África y una de las más altas en el mundo entero. Muchos aviones ni siquiera vuelan tan alto como esta montaña.

«Charlie, ¿estás seguro de que realmente quieres escalar el Kilimanjaro? ¿Qué tal si mejor vamos a Disneylandia?», le pregunté riéndome.

«¡No! ¡Escalemos el Monte Kilimanjaro!», me repitió Charlie.

¡Así que lo hicimos!

Ninguno de los dos sabía cómo escalar una montaña tan grande como el Kilimanjaro, pero teníamos algunos amigos que sí sabían, así que fuimos con ellos. Cuando llegamos a la base del campamento al pie de la montaña, todavía les estábamos quitando las etiquetas de los precios a nuestras botas y chaquetas nuevas. Comencé a preguntarme si había cometido un grave error. Hasta ese momento, lo que me preocupaba era si Charlie podría escalar esta enorme montaña.

Ahora, mirándola de cerca, comencé a preguntarme si *yo* podría escalarla.

Tomamos nuestro equipo y comenzamos a subir por el sendero. Charlie fue un campeón. Escalamos juntos durante el día y temblamos juntos en nuestra caseta helada durante las noches. Charlie casi llegó a la cima. Me sentí muy orgulloso de él.

Cuando llegamos tan alto en la montaña como Charlie podía llegar, hicimos una ceremonia.

Me gusta llevar medallas conmigo adondequiera que voy, porque si algo necesita el mundo son más héroes. Fijé con un imperdible la primera medalla en la pequeña chaqueta de Charlie y le dije: «Charlie, ¡eres *valiente*!».

Saqué otra medalla, la fijé en su chaqueta, y le dije: «Charlie, ¡eres *audaz*!».

Saqué otra, hice lo mismo y le dije: «Charlie, ¡eres *decidido*!».

Tenía quince medallas y las fijé todas en la chaqueta de Charlie. Cuando descendió la montaña, su chaqueta llevaba el peso de todas aquellas medallas coloridas y ruidosas. Charlie sonaba como un cascabel mientras caminaba.

Charlie había llegado hasta *su* cima. En lugar de decirle lo que le faltaba por subir, nos detuvimos para celebrar lo lejos que había llegado. Pienso que Dios hace lo mismo por nosotros todos los días. Él ve las cosas difíciles en nuestras vidas. Dios camina a nuestro lado y nos pide que miremos hasta dónde hemos llegado con Él. Y podemos también hacer lo mismo los unos por los otros. ¿Cuáles son algunas de las maneras en las que podrías celebrar lo lejos que has llegado, y lo lejos que has visto a otros llegar?

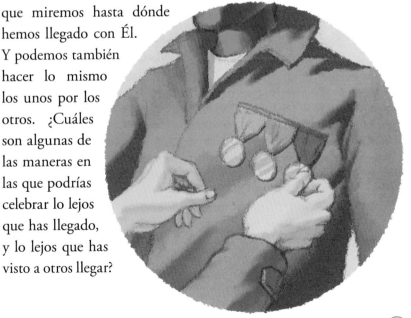

# UN SALUDO A JESÚS

Cuando a comencé a pasar tiempo en Uganda, mis amigos y amigas ugandeses y yo visitábamos aldeas en lo profundo de la selva. Con esto quiero decir que estaban muy lejos de las grandes ciudades. En una ocasión, después de pasar la tarde en una de estas aldeas, nos subimos en nuestro Jeep y comenzamos el recorrido de regreso a la casa donde nos estábamos hospedando.

Unos pocos de los niños locales comenzaron a correr detrás del Jeep mientras manejábamos, y yo les dije adiós con la mano. Entonces, más niños empezaron a correr detrás del auto y comencé a saludarlos todavía más rápido. Llegó el momento en que docenas de niños estaban corriendo detrás del auto y ya para entonces los estaba saludando con ambas manos, para estar seguro de que cada niño recibiera un saludo.

¡Esto hizo que más niños comenzaran a seguirnos!

Me volví hacia el chofer del Jeep y le comenté: «A decir verdad, ¡estos niños son muy amigables! ¿Me pregunto por qué nos están siguiendo?». Mi amigo ugandés miró hacia mi lado del auto, y mientras me observaba diciéndoles adiós con la mano a los niños, comenzó a reírse a carcajadas. «Bob», me dijo con una enorme sonrisa de oreja a oreja. «En Estados Unidos, un saludo como ese significa adiós, ¡pero aquí quiere decir que los estás invitando a seguirte!».

Cuando Jesús estaba aquí en la tierra, Él fue de ciudad en ciudad e invitó a la gente que encontraba a que lo siguieran. Era como si estuviera saludándolos con la mano al estilo ugandés: «¡Síganme!». Algunas de las personas con las que Jesús se encontró entendieron lo que quería decir y lo siguieron. Sin embargo, otras solo le dijeron adiós con la mano. No era que nos les agradara Jesús. Ellos simplemente no entendieron que no les estaba diciendo hola o adiós. Él los estaba invitando a seguirlo. Jesús sigue haciendo lo mismo por ti y por mí todos los días. Él nos está invitando a seguirlo. Y nos toca decidir si vamos solo a decirle adiós con la mano o si vamos a ir tras Él. ¿Qué escogerás?

# ACERCA DE LOS AUTORES

**BOB GOFF** es el fundador de *Love Does* [El amor hace], una organización sin fines de lucro que administra escuelas y busca la justicia para niños y niñas en zonas de conflicto, como Uganda, Somalia e Irak. Bob es abogado y sirve como cónsul honorario de la República de Uganda ante los Estados Unidos. Es profesor adjunto en Pepperdine Law School y en Point Loma Nazarene University, y vive en San Diego, California, con su dulce María, sus hijos y su familia extendida.

**LINDSEY GOFF VIDUCICH** ama a los niños. Ella comenzó su carrera como maestra en un centro de ayuda terapéutica infantil en Seattle, Washington, y luego enseñó kínder en Nashville, Tennessee; primer grado en Salem, Oregón, y primero y segundo grado en San Diego, California. Lindsey vive con su esposo, Jon, y pasa la mayor parte de su tiempo libre creando arte y viviendo nuevas historias con su familia.